Föreläsningar om Johannes evangelium

Herrens fotspår II

Dr. Jaerock Lee

"Hosianna i höjden!"
  Mitt i skarans utrop
kommer Jesus in på platsen för Hans lidande.

Ingången (Johannes 12:12-15)
I enlighet med Gamla testamentets profetior rider Jesus in i Jerusalem på en åsninnas föl, strax innan Hans lidande började.

Palmträd (Johannes 12:13)
Palmträdet är en symbol på seger

Staden Jerusalem sedd från Tårarnas kyrka (Lukas 19:41-44)
Jesus visste att Jerusalem skulle bli en plats för krig och stridigheter, och förutsåg templets förstörelse, och det gjorde Honom djupt bedrövad.

Klagomuren (Matteus 24:2)
Precis som Jesus profeterade förstördes återstoden av Jerusalems tempel av den romerska armén år 70 e.Kr.

Ångestens klippa (Lukas 22:44)
Natten innan Han tog på sig korset, bad Jesus i ångest och med stor iver i Getsemane trädgård. Klippan som Jesus lutade sig mot i bön finns fortfarande kvar i sitt naturliga tillstånd.

Station 2

Station 3

Station 4

Station 5

Station 7

Station 8

Station 10

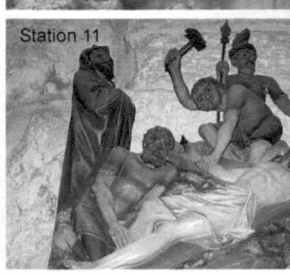
Station 11

Station 6

Via Dolorosa

Via Dolorosa betyder "Sorgens väg" eller "Lidandets väg" på latin. Från den plats där Jesus dömdes av Pilatus till Golgata där Han korsfästes, och sedan till graven där Han blev begravd, är det omkring 800 m – och den är markerad i 14 stationer.

När den fruktansvärda piskan ven
utgöts Hans heliga blod och Hans blod fläckade marken,
då såg Jesus själarna
Han skulle rädda från döden, och fortsatte vidare på

sin väg mot lidandet
enbart med tacksamhet.

Station 1 – Platsen där Jesus dömdes av Pilatus
Station 2 – Platsen där Jesus fick törnekronan och den purpurröda mantel och blev hånad
Station 3 – Platsen där Jesus föll första gången medan Han bar korset
Station 4 – Platsen där Jesus mötte den sörjande jungfru Maria
Station 5 – Platsen där Simon från Kyrene tog korset för Jesus
Station 6 – Platsen där en kvinna vid namn Veronika torkade av Jesu ansikte
Station 7 – Platsen där Jesus föll för andra gången
Station 8 – Platsen där Jesus tröstade Jerusalems kvinnor
Station 9 – Platsen där Jesus föll för tredje gången
Station 10 – Platsen där en romersk soldat tog av Jesus alla Hans kläder
Station 11 – Platsen där Jesus blev fastspikad vid korset
Station 12 – Platsen där Jesus dog på korset
Station 13 – Platsen dit Josef från Arimatea tog Jesu kropp och svepte den i linnedukar
Station 14 – Platsen där Josef från Arimatea begravde Jesus

Den heliga gravkyrkan (Johannes 20:1-8)
Kyrkan är byggd över Herrens grav

Kyrkan där Petrus kallades (Johannes 21:12-14)
Platsen där Jesus visade sig för lärjungarna för tredje gången och åt med dem

Staty av Jesus och Petrus
Med samma milda ögon som Han såg på Petrus, ser Herren på oss och frågar, "Älskar du mig?"

Uppstigningsk

> Jesus... genom att förgöra dödens makt blev Han uppståndelsens förstlingsfrukt
> **och fullbordade försynen i frälsningen...**

ippan som
gs ha funnits
sedan Jesus
steg

Uppstigningskapellet
Kyrkan som ligger på Olivberget vilket tros vara platsen för Jesu uppstigning till himlen

Den övre salen (Apostlagärningarna 2:1-4)
Efter att Jesus uppstigit till himlen var lärjungarna på Pingstdagen samlade på denna plats där den Helige Ande sänkte sig ner över dem

I det att vi väntar på
Herrens
andra tillkommelse,
som kommer tillbaka
efter att ha förberett den underbara platsen
i himlen för oss…
kommande på härlighetens moln
under basunklang
och ärkeängelns rop och basuner…

Vid Galileiska sjön under pilgrimsfärd

Herrens fotspår II

Kapitel 11

Jesus frälser Lasarus

1. Lasarus död
(11:1-16)

2. Lasarus går ut ur graven
(11:17-44)

3. Konspirationen att döda Jesus
(11:45-57)

 Förord

Hur Johannes evangelium kom till

1. Om författaren till Johannes evangelium

Författaren till Johannes evangelium är aposteln Johannes. Trots att det inte nämns någonstans i Johannes evangelium vem författaren är, är det lätt att fastställa att det är Johannes som är författaren. Det beror på att Johannes som "den lärjunge Herren älskade" (Johannes 13:23, 19:26, 20:2, 21:7, 20) fick uppleva Herrens liv personligen.

Johannes är son till Sebedeus och Salome och Jakobs yngre bror. Tillsammans med sin bror Jakob var Johannes en av de första som blev Jesu lärjunge. På grund av hans häftiga temperament kallades Johannes för "Åskans son." Men han var så älskad av Herren att han fick möjlighet att se Jesu andliga förvandling på Förklaringsberget och att Jairus dotter fördes tillbaka till livet. Efter att Jesus tillfångatagits av judarna och alla lärjungar i fruktan flydde sin väg, stannade Johannes hos Herren ända till den stund Han dog på korset. Och eftersom Jesus såg Johannes trofasthet, överlämnade Han vården om jungfru Maria till Johannes kort innan Han dog på korset.

Efter att ha sett Kristi uppståndelse och tagit emot den Helige Ande förvandlades Johannes. Han överlät hela sitt liv till att sprida evangeliet (Apostlagärningarna 4:13) och bodde sina sista år i Efesus. Under kejsare Domitans tyranniska styre förvisades Johannes sedan till ön Patmos. Patmos är en ö som framför allt består av granit, en fruktlös och ödslig ö där dricksvatten är svårt att få tag på och där växtligheten är knapp.

På dagtid var Johannes tvingad att arbeta i en gruva under svåra förhållanden, under bevakning av romerska soldater. I nattens kyla och hunger lade Johannes all sin energi på att be. Än i dag går det att se hans handavtryck i grottan där det sägs att Johannes bad varje dag, som vittnar om hur det var på den tid då Johannes var där. Efter Domitians död återvände Johannes till Efesus och dog där. I hans skrifter, som Johannes evangelium, Första, Andra och Tredje Johannes brev och Uppenbarelseboken, talar Johannes över 120 gånger om kärlek, vilket är orsaken till att han ofta kallas "kärlekens apostel."

2. Varför Johannes evangelium skrevs

I Johannes 20:31 är Johannes tydlig med varför han skrev Johannes evangelium.

> *"Men dessa har blivit nerskrivna för att ni ska tro att Jesus är Messias, Guds Son, och för att ni genom tron ska ha liv i hans namn."*

På den tiden var det många judar som hatade Jesus och ihärdigt förnekade att Han var Kristus. Till slut dödade de Honom på korset. Men på grund av att aposteln Johannes hade varit ett personligt vittne han tydligt vittna om att Jesus är Guds sanna Son, och att Han är Kristus.

Det genomgående temat i Johannes evangelium är "Kristus, kärleken, livet och världens ljus." Det förmedlar budskapet till oss om Kristus som kom till denna värld för att ge oss liv, Kristus som kom för att lysa upp världens mörker, och Kristus som visade Guds kärlek till hela världen genom att offra sig själv.

3. Vad det är som gör Johannes evangelium så speciellt

De tre evangelierna som har förmedlar Jesu tjänst och undervisning – Matteus, Markus och Lukas – är generellt lika till innehållet, strukturen och perspektivet; vilket gör att de tre evangelier kallas för de synoptiska evangelierna. Men det är definitivt något som särskiljer Johannes evangelium från de andra evangelierna.

För det första beskriver de synoptiska evangelierna Jesu tjänst där Galiléen är huvudplatsen för händelserna, medan Johannes evangelium beskriver Jesus tjänst med fokus på framför allt Jerusalem och Judéen.

För det andra nämner Johannes evangelium påskhögtiden tre gånger (Johannes 2:13, 6:4 och 11:55) medan de synoptiska evangelierna bara nämner påskhögtiden en gång, vilket visar att Jesu tjänst varade i totalt tre år.

För det tredje fokuserar de synoptiska evangelierna på himmelriket medan Johannes evangelium fokuserar på relationen mellan Jesus och Gud samt evigt liv (Johannes 3:16, 5:24, 11:25, 17:2-3).

Johannes evangelium förklarar Jesu Kristi ursprung och hur Han var med Gud från begynnelsen, och frasen "Jag är ---" dyker upp många gånger genomgående i Johannes evangelium. Fraser som *"Jag är livets bröd"* (Johannes 6:35), *"Jag är världens ljus"* (Johannes 8:12), *"Jag är vägen, sanningen och livet"* (Johannes 14:6), *"Jag är den gode herden"* (Johannes 10:11), och *"Jag är den sanna vinstocken"* (Johannes 15:1) ger en tydlig bild om vem Jesus är. Och händelser som det första tecknet Jesus gjorde på bröllopsfesten i Kana och Hans besök till Samarien och många andra som inte finns nedskrivna i de synoptiska evangelierna finns nedskrivna i Johannes evangelium.

Det är framför allt i Johannes evangelium som vi ser ett antal tillfällen då Jesus säger, *"Jag säger er sanningen."* Det skickar en stark signal till läsaren om Guds Ords okränkbara värde.

Innehåll

Författarens kommentar

Förord

Kapitel 11
Jesus frälser Lasarus

1. Lasarus död (11:1-16) ■ 3
2. Lasarus går ut ur graven (11:17-44) ■ 13
3. Konspirationen att döda Jesus (11:45-57) ■ 25

Kapitel 12
Det segerrika intåget i Jerusalem

1. Maria förbereder för Jesu begravning (12:1-11) ■ 35
2. Intåget i Jerusalem (12:12-36) ■ 42
3. Messias undervisning (12:37-50) ■ 56

Kapitel 13
Den sista påskmåltiden

1. Jesus tvättar lärjungarnas fötter (13:1-20) ■ 67
2. "En av er ska förråda mig" (13:21-30) ■ 82
3. "Ett nytt bud ger jag er" (13:31-38) ■ 89

Kapitel 14

Jesus, Vägen, Sanningen och Livet

1. Jesus tröstar lärjungarna (14:1-15) ■ 97
2. Löftet om Hjälparen, den Helige Ande (14:16-31) ■ 108

Kapitel 15

Jesus är den sanna vinstocken

1. Liknelsen om vinstocken och grenarna (15:1-17) ■ 121
2. Världen och lärjungarna (15:18-27) ■ 135

Kapitel 16

Hjälparen, den Helige Ande

1. Den Helige Andes ankomst och tjänst (16:1-15) ■ 145
2. Profetian om Jesu död och uppståndelse (16:16-24) ■ 152
3. Jesus, som vann seger över världen (16:25-33) ■ 159

Innehåll

Kapitel 17
Jesu förbön ■

1. En bön för att ta på sig korset (17:1-5) ■167
2. En bön för lärjungarna (17:6-19) ■173
3. En bön för de troende (17:20-26) ■184

Kapitel 18
Jesus som fick lida ■

1. Judas Iskariot, den som förrådde Jesus (18:1-14) ■195
2. Jesus inför översteprästerna (18:15-27) ■205
3. Jesus inför Pilatus (18:28-40) ■213

Kapitel 19
Jesus på korset ■

1. Pilatus utfärdar dödsstraffet (19:1-16) ■227
2. Jesus spikas fast vid korset (19:17-30) ■238
3. Jesus läggs i en grav (19:31-42) ■250

Kapitel 20

Jesus som uppstod

1. De som kom för att besöka den tomma graven (20:1-10) ■261
2. De som fick möta den uppståndne Herren (20:11-23)■269
3. "Du tror därför att du har sett mig" (20:24-31)■277

Kapitel 21

Herrens kärlek till sina lärjungar

1. Herren uppenbarar sig vid Galileiska sjön (21:1-14) ■285
2. "Älskar du mig?" (21:15-25)■292

Epilog

 **Författarens kommentar**

Att följa Honom i Hans fotspår...

Under min pilgrimsresa till det Heliga landet för att gå i Herrens fotspår färdades jag över Galileiska sjöns blåa vatten. Det kändes som om jag färdades tillbaka 2000 år till vår Herres tid. Det gick inte att gå förbi en enda liten sten eller stå på gräset utan att känna förundrad över dess betydelse. Närhelst jag stängde mina ögon några sekunder, kändes det som om jag tydligt kunde höra Herrens röst. Och medan jag såg hur dammet virvlade upp från de andra pilgrimernas fötter, på deras vandring i Herrens fotspår, sammanflätades det förgångna och nutiden i en enda väv, och det kändes som om jag stod just på den plats där Herren hade utfört sin tjänst. Kanske det blev så på grund av min uppriktiga längtan att följa Honom i Hans fotspår.

Det finns fyra evangelier i Bibeln som följer de steg Herren tog under Hans tjänst. Dessa tre evangelier är: Matteus, Markus, Lukas och Johannes. Av de fyra evangelierna är Johannes evangelium, skrivet av Johannes – den som var så nära Herren att han kallades "Den lärjunge som Herren älskade" och som personligen fick vara med om allt – det evangelium som bär den djupaste andliga innebörden. Det är Johannes evangelium som allra tydligast visar att frälsningen enbart kommer från Jesus Kristus och att Han är Guds sanna Son.

Varje gång jag läser evangelierna blir jag överväldigad av känslor. Särskilt när jag läser Johannes evangelium och den Helige Ande upplyser mig med den djupa andliga innebörden som finns i Ordet kan jag inte annat än att dela med mig av detta till alla jag känner. Precis som Herren bad apostelen Petrus "Föd mina får", känner också jag mig nödgad att föda alla troende med dessa djupa andliga hemligheter som finns i Johannes evangelium. Det är därför som jag i juli 1990 började den första av 221 predikningar om Johannes evangelium.

Föreläsningar om Johannes evangelium: Herrens fotspår

I & II ger en tydlig bild av Jesus för 2000 år sedan sett ur Johannes ögon, som vittnade om Jesu liv utifrån personlig erfarenhet. Och hemligheterna om tidernas begynnelse och informationen om Jesu ursprung och Hans kärlek och försyn som till slut ledde till vår frälsning, har genom hela evigheten varit dolda.

Oavsett om Han var i templet eller på mötesplatser, på bergen eller på fälten, undervisade Jesus folket genom att använda bilder ur vardagslivet så att vem som helst lätt kunde förstå Honom. Hans budskap handlade huvudsakligen om Gud, Hans uppgift som Frälsaren, och om evigt liv. Trots att översteprästen och fariséerna inte kunde förstå Hans budskaps andliga innebörd, fann goda människor som Nikodemus, den samaritiska kvinnan vid Sykars brunn och Lasarus nytt liv genom Herrens budskap. Genom att dela budskap om livet som inte gick att höra på andra platser förde Herren tröst och hopp till de sjuka, fattiga och de bortstötta. Men de som vägrade att förstå Guds kärlek vände ryggen till Jesus för att Han var så olik den Messias de förväntade sig. Till sist var det just de människorna som ropade att Han skulle korsfästas. Vad tror du Jesus tänkte på när Han hängde på korset?

När vi verkligen inser vilket offer Jesus gav – att Han utstod allt lidande och alla plågor på korset för att det var det enda sättet att uppfylla Guds försyn – kan vi bara böja oss ner i ödmjukhet inför Honom. Från födseln, i alla tecken och under Han gjorde till budskapen Han delade, till Hans lidande på korset och slutligen till Hans uppståndelse, var allt som Jesus gjorde betydelsefullt. När vi verkligen inser den andliga innebörden bakom varje händelse, kan vi i sanning förstå Guds djupa kärlek till oss.

Hemligheten till evigt liv som finns i Johannes evangelium gäller oss alla i dag. Om vi öppnar våra hjärtan och accepterar Ordet med ett gott hjärta kommer vi att upptäcka en otrolig skatt, och om vi lever i enlighet med Ordet kommer Gud att svara oss på våra böner och ge oss otroliga välsignelser och styrka.

Jag skulle vilja rikta ett särskilt tack till Geumsun Vin, chef över Redaktionsavdelningen och till personalen som så ihärdigt har arbetat hårt med publiceringen av denna bok, och jag hoppas att alla som läser den här boken kommer att uppleva Guds stora kärlek. Jag ber också att du, i det att du följer Herrens fotspår och lever i enlighet med Hans undervisning, kommer ta emot svaren på alla dina böner och att Gud kommer att befalla sina oerhörda välsignelser från ovan att komma över dig!

Januari 2009

Jaerock Lee

Föreläsningar om Johannes evangelium

Herrens fotspår *II*

Dr. Jaerock Lee

Herrens fotspår II: av Dr. Jaerock Lee
Utgiven av Urim Books (Representant: Johnny H. Kim)
73, Yeouidaebang-ro 22-gil, Dongjak-gu, Seoul, Korea
www.urimbooks.com

Eftertryck förbjudes. Ingen del av boken eller boken i sin helhet får reproduceras i någon form, genom lagring i elektroniska medier eller överföring på något sätt eller genom något annat tillvägagångssätt, elektroniskt, mekaniskt, kopiering, samt bandinspelning eller liknande, utan tidigare inhämtat tillstånd från utgivaren.

Om inget annat anges är alla bibelcitat hämtade från Den Heliga Skriften, Svenska Folkbibeln.

Copyright © 2020 av Dr. Jaerock Lee
ISBN: 979-11-263-0648-0, 979-11-263-0646-6 04230
Översättning till engelska, Copyright © 2017 av Dr. Esther K. Chung.
Användes med tillstånd.

Tidigare utgiven på koreanska av Urim Books år 2009

Första utgåvan oktober 2020

Redigerad av Dr. Geumsun Vin
Design av Editorial Bureau på Urim Books
Tryckt av Prione Printing Company
För mer information, kontakta: urimbook@hotmail.com

Lasarus död

Under sin offentliga tjänst botade Jesus alla slags sjukdomar; även medfödda handikapp. Och inte bara det, med sonen till änkan i Nain och dottern till synagogsföreståndaren Jairus väckte Han till och med upp döda människor till livet igen (Lukas 7-8).

Jesus uppväckte till och med en man till livet som hade varit begravd i fyra dagar och som redan lukade förruttnelse – Lasarus från Betania. Jesus gjorde alltid Guds vilja. Och när vi ser på den här händelsen då Han uppväckte Lasarus från det döda, kan vi upptäcka en särskild försyn från Gud.

Lasarus familj bor i Betania

"En man som hette Lasarus var sjuk. Han var från Betania, den by där Maria och hennes syster Marta bodde. Det var Maria som smorde Herren med väldoftande olja och torkade hans fötter med sitt hår, och nu var hennes bror Lasarus sjuk. Systrarna skickade då bud till Jesus och lät säga: 'Herre, den du har kär ligger sjuk.'" (11:1-3)

Omkring 3 kilometer sydöst om Jerusalem, i en liten by som hette Betania, bodde två systrar och en bror: Marta, Maria och Lasarus. Jesus var en frekvent gäst i deras hus när Han kom till Betania.

Lasarus syster Maria är känd som kvinnan som hällde ut parfym över Jesu fötter. Denna händelse inträffade faktiskt efter att Lasarus hade blivit uppväckt från det döda. Men på den tid då Johannes evangelium skrevs var den här händelsen välkänd så Maria presenterades som den som "smorde Herren med väldoftande olja." Ibland förväxlas denna Maria med Maria Magdalena, men det är två helt olika kvinnor.

Ett allvarligt problem uppstod. Lasarus blev sjuk. Och trots att tiden gick blev hans sjukdom bara värre och värre i stället för att bli bättre. Maria och Marta sände ett bud i all hast till Jesus, eftersom de visste att Han kunde bota alla slags sjukdomar.

"Herre, den du har kär ligger sjuk." Budet som sändes till Jesus sade inte vem den sjuke personen var. Han bara kallade honom "den du har kär." Marta och Maria visste att det var allt de behövde säga, då skulle Jesus förstå vem de menade. Genom det här kan vi förstå att den här familjen hade en väldigt nära relation till Jesus. Vad kunde vara orsaken till detta nära band? Det var för att Maria älskade Jesus så mycket.

Även innan Lasarus blev sjuk älskade Maria Jesus och tjänade Honom på alla sätt hon kunde. För att kunna återgälda Honom nåden som Han hade gett henne genom att visa henne sanningens väg och det eviga livet, sökte hon efter allt hon kunde göra och tjänade brinnande. När hennes familj såg Marias underbara förvandling började de också älska Jesus väldigt mycket och de ville också göra vad de kunde för att tjäna Honom.

Efter att Jesus hade påbörjat sin offentliga tjänst kunde han varken äta eller slappna av. Han var alltid omgiven av många människor och Han fick inte ens den minsta chans till vila. Det här visste Maria och hennes syskon och tänkte alltid, "Hur kan vi göra det lättare för Jesus?" Så när Jesus var i närheten av deras hem bjöd de hem Honom till sig och tjänade Honom på det bästa sättet de kunde (Lukas 10:38).

De hade tro att Jesus var Guds Son, och de delade allt med Honom. De tjänade Honom och älskade Honom utan att förvänta sig något tillbaka, och Jesus visste det. Jesus älskade också dem oerhört mycket. Marias familj älskade Jesus och tog emot Hans kärlek också. Det var den här familjens nyckel till att ta emot Guds nåd och välsignelser. Det här med att Lasarus var döende och att hans systrar kallade på Jesus och att Lasarus återvände till livet, hände inte bara av en slump.

Jesus får höra om Lasarus sjukdom

"När Jesus hörde det, sade han: 'Den sjukdomen slutar inte med döden. Den är till Guds ära, för att Guds Son ska bli förhärligad genom den.' Jesus älskade Marta och hennes syster och Lasarus. När Jesus nu hörde att Lasarus var sjuk, stannade han ändå två dagar där han var." (11:4-6)

Det var vid den tiden då Jesus döpte vid Jordanfloden som Han fick höra att den Han hade kär var sjuk. Men Jesus svarar på budskapet som om Han redan kände till det.

"Den sjukdomen slutar inte med döden..." Även fast Jesus fick höra att Lasarus var allvarligt sjuk skyndade Han sig inte iväg; i stället stannade Han kvar där Han var i två dagar. Det här kan verka lite kallt, men Jesus väntade på Guds tid. Han visste att Lasarus genom denna händelse skulle ge ära till Gud, och det skulle bli ära till Jesus själv att få det att hända.

I 4 Mosebok 16:22 är det skrivet, *"Gud som råder över anden i allt kött"* och i Psaltaren 36:10 *"Hos dig är livets källa."* I Apostlagärningarna 17:25 står det följande om Gud, *"Han som åt alla ger liv och anda och allt."* Varje människas liv är i Guds hand, och bara Gud är den som beslutar om liv och död. Men hur konstigt skulle det inte vara om en människa hjälper en annan människa tillbaka från det döda? En vanlig människa kan inte försöka göra det – eller ens föreställa sig att kunna göra något sådant!

I kraften att Han var ett med Gud visste Jesus att en dag, inför många vittnen, skulle Han uppväcka Lasarus från det döda. Han visste också att Han genom den händelsen skulle visa att Han är Guds Son, som är den som bestämmer över liv och död, och att många människor skulle börja tro att Han är Kristus. Det var därför Jesus sade, "Den sjukdomen slutar inte med döden. Den är till Guds ära, för att Guds Son ska bli förhärligad genom den" och sedan väntade Han på Guds tid.

"Har inte dagen tolv timmar?"

"Därefter sade han till sina lärjungar: 'Låt oss gå tillbaka till Judeen.' Lärjungarna sade till honom: 'Rabbi, nyss försökte judarna stena dig, och nu går du dit igen!' Jesus svarade: 'Har inte dagen tolv timmar? Den som vandrar om dagen snavar inte, för han ser denna världens ljus. Men den som vandrar om natten, han snavar eftersom ljuset inte finns i honom.'" (11:7-10)

Två dagar efter att Han hade fått nyheterna från Betania sade Jesus, "Låt oss gå tillbaka till Judeen." Judeen i Palestinas södra delar inkluderar inte bara Jerusalem och Betlehem utan också Betania, där Lasarus bodde. När lärjungarna hörde ordet "Judeen" blev de rädda och frågade, "Rabbi, nyss försökte judarna stena dig, och nu går du dit igen?"

Orsaken till att lärjungarna tvekade var för att judarna hade försökt stena Jesus bara några dagar tidigare, under tempelinvigningens högtid. När Jesus sade, "Jag och Fadern är ett" hade de förargade judarna plockat upp stenar för att stena Jesus (Johannes 10:22-31). Men eftersom det inte var Guds tid än kunde ingen gripa Jesus, men eftersom lärjungarna redan hade upplevt det här, var de oroliga. Jesus visste vad som oroade dem.

Jesus gav sedan de nervösa lärjungarna ett svar de inte förväntade när Han sade, "Har inte dagen tolv timmar? Den som vandrar om dagen snavar inte, för han ser denna världens ljus. Men den som vandrar om natten, han snavar eftersom ljuset inte finns i honom."

Det verkar först bara vara ett tillfälligt svar, men det finns två andliga innebörder bakom det här uttalandet Jesus gjorde.

Den första innebörden är att Jesus fortfarande har en del arbete kvar att göra. Han berättar för dem att det ännu inte är tid för Honom att gripas och spikas fast vid korset. För det judiska folket är "en dag" från skymningen ena dagen till skymningen den andra. På den tiden i Judeen var en timme inte definierad som 60 minuter ännu. En timme var den dagens tid delat med tolv. Eftersom dagens tid skiljde sig beroende på årstiden, var dagen längre på sommaren och kortare på vintern. Så under den kortaste dagen kunde en timme vara omkring 49 minuter och den längsta dagen omkring 71 minuter.

Eftersom dagen delades i tolv var en dag, oavsett om den var kort eller lång, alltid tolv timmar för judarna. Så när Jesus frågade, "Har inte dagen tolv timmar?" berättade Han för dem att det fortfarande fanns tid kvar att arbeta. "Dag" är när ljuset lyser. I 1 Johannes brev 1:5 står det, *"Gud är ljus och att inget mörker finns i honom."* Så det fanns fortfarande tid kvar som Gud, som är Ljuset, hade gett till Jesus. Och till lärjungarna som var oroade och tänkte, "Tänk om Jesus grips? Vad händer om de försöker stena Honom?" lärde Jesus dem att det inte spelade någon roll hur mycket judarna än försökte, för att Gud såg och beskyddade Honom vilket gjorde att de inte kunde gripa Honom.

För det andra innebär Jesu uttalande att Jesus, i enlighet med Guds vilja, skulle väcka upp den döde Lasarus tillbaka till livet, utan att misslyckas. Lärjungarna visste inte det, men eftersom Jesus förblev i Gud visste Han redan hur det skulle gå. Gud har absolut inget mörker i sig så andligt ljus handlar om Gud. Vi snavar inte eller snubblar när vi rör oss runt på dagen. Bara när vi lever mitt i Guds Ord – sanningen – kan vi vara trygga på samma sätt. Jesus som alltid följde Guds vilja, tog aldrig ett felsteg. Och genom att väcka upp Lasarus till livet, uppfyllde Han Guds vilja och försyn.

Oavsett hur farlig situationen kan ha verkat, menade Han att eftersom Han vandrade på dagen och gjorde allt i enlighet med Guds vilja, var Han trygg. Det innebär att om vi å andra sidan fruktar människor, och inte handlar i enlighet med Guds vilja, är det som att vandra på natten; och därför kan vi ta felsteg och fångas i en snara.

"Lasarus sover..."

"Efter att han sagt detta tillade han: 'Vår vän Lasarus

sover. Men jag går för att väcka honom.' Då sade lärjungarna till honom: 'Herre, sover han så blir han frisk.' Jesus hade talat om hans död, men de trodde att han talade om vanlig sömn." (11:11-13)

Efter att ha försäkrat lärjungarna som var rädda för att gå tillbaka till Judeen sade Jesus, "Vår vän Lasarus sover. Men jag går för att väcka honom." Det var så Han kunde tala om för dem varför Han behövde gå tillbaka dit. När en budbärare två dagar tidigare hade kommit till Jesus och bett Honom komma och bota Lasarus hade Jesus inte haft så mycket att säga. Men nu sade Han att Han behövde gå och väcka upp honom. Lärjungarna blev ganska förvirrade. De trodde förmodligen, "Han gick inte dit när mannen var sjuk och nu säger Han att Han ska gå och väcka en man som sover." Fast Jesus menade att Lasarus död; men lärjungarna försökte förstå situationen bara genom att se till det yttre. De förstod inte den andliga innebörden i Jesu ord.

"Herre, om han sover så blir han frisk." Folk tror vanligen att det som de ser med sina ögon är allt. Men eftersom Jesus visste vad Guds vilja var tänkte Han annorlunda. Även om Lasarus var död, visste Han att han skulle komma tillbaka till livet. Det är därför Han sade, "Han sover. Jag ska gå och väcka honom."

"Låt oss gå till honom"

"Då sade Jesus helt öppet till dem: 'Lasarus är död.

Och för er skull, för att ni ska tro, är jag glad att jag inte var där. Men låt oss nu gå till honom.' Tomas, som kallades Tvillingen, sade då till de andra lärjungarna: 'Låt oss gå, vi också, och dö tillsammans med honom.'" (11:14-16)

För lärjungarna som fortfarande inte förstod Honom, förklarade Jesus enkelt, "Lasarus är död." De visste vad som verkligen hade hänt. Det sade Han för att de skulle ha tro när de kom till Betania, när Han uppväckte Lasarus från det döda.

Vad skulle ha hänt om Jesus hade gått till Betania direkt efter att ha hört nyheten om Lasarus? Även om Lasarus hade blivit botad, skulle människorna inte ha trott att det var Guds verk. De skulle förmodligen ha trott att det bara var en tillfällighet att han blev frisk. De kanske hade trott att det var ett trick, eller kanske något tillfälligt fenomen. Och om Lasarus hade dött medan Jesus var där, skulle förmodligen en del i hemlighet ha pekat ut det som något att ta upp till diskussion.

Utifrån den givna situationen visste Jesus exakt när Han behövde göra något för att visa Guds kraft. Det är därför Han väntade på Guds exakta utvalda tid på att gå till Betania för att väcka upp Lasarus, som hade varit död i fyra dagar.

Judarna på den tiden trodde att när en person dör, vandrar själen omkring i graven i tre dagar och lämnar den sedan. Men i Lasarus fall hade det gått fyra dagar sedan han dog, så människorna trodde inte ens att han skulle kunna komma tillbaka till livet. Men som det är skrivet i Johannes 5:21, *"För liksom Fadern uppväcker de döda och ger dem liv, så ger också Sonen liv åt vilka han vill"* kunde Jesus, Guds Son, i enlighet med Guds vilja väcka upp en död person och ge honom livet tillbaka.

Efter att Jesus hade berättat att Lasarus var död, sade Han, "Låt oss nu gå till Judeen." Tomas, en av lärjungarna, kommenterade det och sade, "Låt oss gå, vi också, och dö tillsammans med honom." Å ena sidan verkar det som om han hade modet att riskera livet för Jesus, men i andlig bemärkelse är det ett beklagligt uttalande. Jesus var tydlig med att säga att Lasarus sjukdom skulle visa Guds härlighet, men det hade Tomas ännu inte förstått.

Om Tomas hade förstått den andliga betydelsen bakom Jesu ord skulle han ha sagt, "Låt oss gå, vi också, så att vi kan få se Guds härlighet." Orsaken till att Gud lät Tomas bekännelse skrivas ner i Bibeln var för att vi, när vi läser det i dag, ska kunna kontrollera oss själva och se om vi är som Tomas på något sätt, och lära oss av honom. Det var inte för att avslöja Tomas svaghet.

Under tiden han hade rest med Jesus hade Tomas hört sanningens ord och många gånger fått se Guds kraft. Han såg alla slags sjukdomar bli botade, han såg tecknet med de två fiskarna och fem bröden, och han såg till och med Jesus gå på vattnet. Men eftersom han inte hade sann tro i sanningens stund då han verkligen behövde visa sin tro, slängde han ur sig en bekännelse som visade hans brist på tro. Även fast Tomas visste att Jesus hade stor makt och att Gud var med Honom, gjorde han detta uttalande baserat på ett köttsligt tänkande eftersom han ännu inte hade fått ett andligt uppvaknande.

Lasarus går ut ur graven

Många judar kom till Marta och Maria för att trösta dem efter att de hade hört nyheterna om Lasarus död. Det var på den fjärde dagen sedan Lasarus hade lagts i graven som Jesus gav honom livet tillbaka.

Betania är en by som ligger väldigt nära Jerusalem. Därför var det många judar som hade kommit dit från Jerusalem. Det var samma judar som fick se Lasarus komma tillbaka till livet. Bland dessa judar fanns det de som verkligen var fientligt inställda till Jesus.

"Din bror ska uppstå"

"När Jesus kom fram, fann han att Lasarus redan

hade legat fyra dagar i graven. Betania låg nära Jerusalem, ungefär tre kilometer därifrån. Många judar hade kommit ut till Marta och Maria för att trösta dem i sorgen över deras bror. När Marta fick höra att Jesus hade kommit, gick hon ut och mötte honom. Men Maria stannade kvar hemma. Marta sade till Jesus: 'Herre, om du hade varit här skulle min bror inte ha dött. Men också nu vet jag att Gud kommer att ge dig vad du än ber honom om.' Jesus sade: 'Din bror ska uppstå.' Marta svarade: 'Jag vet att han ska uppstå, vid uppståndelsen på den yttersta dagen.'" (11:17-24)

Fyra dagar efter att Lasarus avlidit kom Jesus till Betania där Lasarus hade bott. Någon sände bud till Marta att "Jesus kommer." I sorgen över att ha förlorat en kär person, kände hon förmodligen inte alls för att gå iväg; men när hon hörde att det var Jesus som kom, skyndade hon sig ut för att möta honom.

Begravningen var över. Allt var färdigt. Vad tror du Marta tänkte på när hon gick ut för att möta Jesus?

"Herre, om du hade varit här skulle min bror inte ha dött." Marta älskade Jesus så hon var alltid intresserad att höra om det som Jesus hade gjort och gav äran till Gud. Eftersom Jesus hade makten att bota alla slags sjukdomar och svagheter, trodde hon att om Han bara hade varit där innan Lasarus dog, skulle Lasarus inte ha dött.

Men verkligheten var inte längre så enkel att Lasarus bara var sjuk. Han hade varit död i fyra dagar, och hans kropp luktade

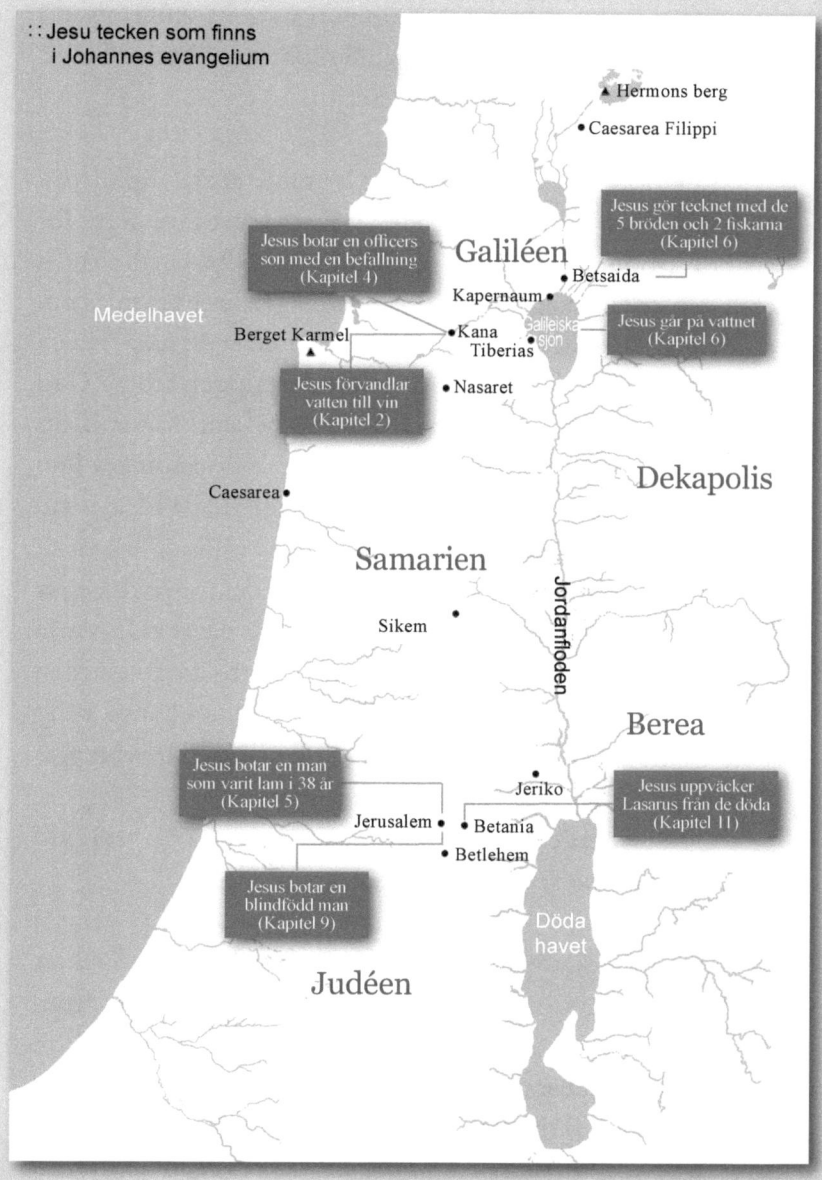

Jesus frälser Lasarus | 15

redan från förruttnelsen. i de omständigheterna skulle ingen i världen föreställa sig att Lasarus skulle komma tillbaka till livet. Men, Marta gör ett oväntat uttalande.

"Men också nu vet jag att Gud kommer att ge dig vad du än ber honom om." Marta sade i själva verket inte detta för att hon trodde att Lasarus skulle komma tillbaka till livet – eftersom sedan skapelsen hade ingen någonsin hört talas om att en människa kommit tillbaka till livet efter att ha dött och förruttnat i fyra dagar. Men i sin förtröstan och tro på Gud bekände Marta att Jesus kunde få vad som helst att hända. Trots att Marta verkligen var i en svår och tragisk situation gav hon en underbar och värdefull bekännelse, som visade hennes tro och förtröstan på Jesus.

Om det redan hade hänt tidigare, innan denna händelse, att Jesus väckt upp en man som varit död i fyra dagar och Marta känt till det, skulle hon förstås visat större tro än detta. Men när Jesus trots allt ser den här tron mitt i hennes hjärta, leder Jesus Marta till en högre trosnivå som till och med överbryggar döden, genom att säga, "Din bror ska uppstå."

På det svarade Marta, "Jag vet att han ska uppstå, vid uppståndelsen på den yttersta dagen."

Marta förnekade inte Jesu ord. Men när hon fick höra att Lasarus skulle uppstå kunde hon inte ens föreställa sig detta, baserat på hennes kunskap och förnuft, och därför gav hon detta andliga uttalande med den begränsade kunskap hon hade.

Som det står skrivet i Johannes 5:28-29, *"Var inte förvånade över detta. Det kommer en tid när alla som ligger i gravarna ska höra hans röst och komma ut. De som har gjort gott ska uppstå till liv, och de som har gjort ont ska uppstå till dom"* undervisade Jesus människorna om uppståndelsen och domen när Han predikade evangeliet om himmelriket vart Han än gick.

Det är därför som Marta svarade att hon visste att Lasarus skulle uppstå på den sista dagen när Jesus sade "Din bror ska uppstå." Men hennes bekännelse grundade sig på kunskap, inte sann, andlig tro. Men Marta var inte ensam om detta. De flesta människor som trodde på Jesus, även Hans lärjungar, tänkte så.

De som hade hört talas om uppståndelsen på den sista dagen hade kunskap om den, men nästan ingen av dem hade andlig tro om uppståndelsen. Det var därför Jesus bestämde sig för att visa Guds kraft som till och med kunde väcka upp Lasarus från det döda. Han visste att det bara krävdes en erfarenhet för att hjälpa en person med ett gott hjärta att få fullkomlig tro och hopp om uppståndelsen.

"Jag är Uppståndelsen och Livet"

"Jesus sade: 'Jag är uppståndelsen och livet. Den som tror på mig ska leva om han än dör, och den som lever och tror på mig ska aldrig någonsin dö. Tror du detta?' Hon svarade: 'Ja, Herre. Jag tror att du är Messias, Guds Son, han som skulle komma till världen.'" (11:25-27)

När Marta sade, "Jag vet att Lasarus ska uppstå på den

yttersta dagen", svarade Jesus, "Jag är uppståndelsen och livet. Den som tror på mig ska leva om han än dör, och den som lever och tror på mig ska aldrig någonsin dö. Tror du detta?"

När Marta svarar "Amen" på detta utan att blanda in sina köttsliga tankar, kan man se att hennes tro var på en nivå högre än de andras, och med den tron skulle hon nu få bönesvar. Det beror på att Jesus, som är uppståndelsen och livet, står framför henne. Eftersom Jesus är i fullständig enhet med Gud, den ende som styr över livet, kunde Han uppväcka en död person till livet. Det är därför Jesus sade, "Jag är uppståndelsen och livet. Den som tror på mig ska leva om han än dör", så att Marta kunde tro på den här sanningen.

Med den här frasen menade Jesus också att de som tror och tar emot Jesus som deras Frälsare och Herre kommer få löfte om evigt liv. När någon tror på Jesus Kristus och blir förlåten sina synder, kommer den Helige Ande över honom och hans ande, som var död, får liv på nytt. Det kallas för "andlig uppståndelse" och det kan bara ske genom Jesus Kristus. Från början, när människan skapades, hade hon en levande ande. Men när den första människan Adam syndade, dog hans ande. Så alla hans avkomlingar efter honom hade också en död ande. De som därför tar emot Jesus Kristus och blir förlåtna deras synder får den Helige Ande i sina hjärtan och blir upplivade i anden, anden får liv på nytt.

Det är därför Jesus sade, "Den som tror på mig ska leva om han än dör" för att i alla som är ett Guds barn kommer anden, även om den fysiska kroppen dör, leva vidare och leva för evigt i himlen. På den sista dagen då Herren återvänder på skyn, kommer kroppar som har förruttnat i graven att uppstå och förvandlas till odödliga kroppar. Det kallas "kroppens uppståndelse." Kroppens uppståndelse är bara möjlig genom Jesus Kristus. Det är därför Han sade, "Jag är uppståndelsen." En stund innan detta hade Marta en tvetydlig förtröstan på Jesus, men efter att ha hört Hans ord, kunde hon ge en tydlig bekännelse: "Jag tror att du är Messias, Guds Son, Han som skulle komma till världen."

Maria faller ner vid Jesu fötter

"När hon hade sagt detta, gick hon och kallade på sin syster Maria och viskade: 'Mästaren är här och kallar på dig.' Så snart hon hörde det, reste hon sig och gick ut till honom. Jesus hade inte gått in i byn än, utan var kvar på platsen där Marta hade mött honom. Judarna som var hemma hos Maria och tröstade henne såg att hon reste sig hastigt och gick ut. Då följde de efter henne i tron att hon skulle gå till graven för att gråta där. När Maria kom till platsen där Jesus var och fick se honom, föll hon ner vid hans fötter och sade till honom: 'Herre, om du hade varit här skulle min bror inte ha dött.'" (11:28-32)

Efter att ha blivit andligt upplyst återvände Marta till sitt hus och sade till sin syster, "Mästaren är här och kallar på dig." Direkt reste Maria sig och sprang ut till Jesus. Judarna som var där för att trösta henne trodde att hon skulle gå ut till graven och sörja, så de följde efter henne. Jesus hade ännu inte kommit in i byn. Han var fortfarande på den plats där han hade mött Marta. Så snart hon såg Jesus föll hon ner vid Hans fötter och grät sorgfyllt och bekände på samma sätt som sin syster, "Herre, om du hade varit här skulle min bror inte ha dött."

"När Jesus såg hur hon grät och hur judarna som följt med henne grät, blev han djupt rörd och skakad i sin ande och frågade: 'Var har ni lagt honom?' De svarade: 'Herre, kom och se.' Jesus grät. Då sade judarna: 'Se hur han älskade honom!' Men några av dem sade: 'Kunde inte han som öppnade ögonen på den blinde ha gjort så att Lasarus inte dog?'" (11:33-37)

När Maria grät, grät de judar som hade följt med henne av empati; man snyftade här och där. När Jesus såg de som inte hade någon tro kände Han också sorg. Men när Han såg Maria gråta vid Hans fötter kände Han hennes sorg och grät med henne. Denna scen visar oss Jesu kärlek.

Jesus kom in i den här världen och fick uppleva glädje- och sorgeämnen i livet som människa. När människor grät och sörjde, kände Jesus deras smärta. När Han såg de blinda, kände Han deras lidande. Det var därför Han hade barmhärtighet med dem och öppnade deras ögon. Han sträckte sig ut i kärlek och botade de spetälska, de som var förkastade av andra människor. Men judarna som såg Jesus gråta reagerade på olika sätt.

"Se hur Han älskade honom!"
"Kunde inte Han som öppnade ögonen på den blinde ha

gjort så att Lasarus inte dog?"

En del tänkte att Jesus verkligen måste ha älskat Lasarus. En del undrade varför Han kunde öppna den blindes ögon, men inte kunde rädda Lasarus från att dö.

"Ta bort stenen"

"Jesus blev åter djupt rörd i sitt inre och gick fram till graven. Det var en klippgrav med en sten för öppningen. Jesus sade: 'Ta bort stenen!' Den dödes syster Marta sade till honom: 'Herre, han luktar redan. Det är fjärde dagen.' Jesus sade till henne: 'Har jag inte sagt dig att om du tror ska du få se Guds härlighet?'" (11:38-40)

Jesus visste vad som fanns i allas hjärtan. Han gick till graven för att Han tyckte synd om dem. Många människor hade samlats vid Lasarus grav för att trösta Marta och Maria. På den tiden i Israel användes grottor som gravar. Den döda kroppen lades i grottan och en stor sten täckte över grottans öppning. För att kunna få ut Lasarus, som var död, gav Jesus en befallning. "Ta bort stenen."

Marta, som inte kunde förstå Jesu ord, svarade i chock, "Herre, det kommer att lukta illa, för han har varit död i fyra dagar." Jesus svarade, "Har jag inte sagt dig att om du tror ska du få se Guds härlighet?"

Vid ingången till hennes by, där hon hade mött Jesus, hade

Marta sagt att hon trodde, men hennes omständigheter hade inte förändrats. Eftersom Guds verk sker strikt enligt den andliga lagen kan inte ens Jesus, Guds Son, välsigna vem som helst, när som helst. Personen som tar emot välsignelse måste uppfylla de nödvändiga villkoren för att ta emot välsignelsen. Det var därför de behövde ta bort stenen; för att visa deras tro genom fysisk handling.

Eftersom den döde Lasarus inte kunde visa sin tro ledde Jesus hans familjemedlemmar till att visa sin tro för honom – genom sina lydnadshandlingar. Oavsett hur mycket makt och kraft Jesus har, och även om Lasarus var utvald för att visa Guds härlighet, skulle ingenting kunnat hända om det inte var i Guds vilja.

För att de därför skulle tro och lita på Jesus sade Han till Lasarus familj "om du tror ska du få se Guds härlighet." På det sättet kunde de uppfylla alla villkor de behövde för att få uppleva Guds kraft.

"Lasarus, kom ut!"

"Då tog de bort stenen, och Jesus lyfte blicken mot himlen och sade: 'Far, jag prisar dig för att du hör mig. Jag vet att du alltid hör mig, men jag säger det för folket som står här, för att de ska tro att du har sänt mig.' När han hade sagt detta, ropade han med hög röst: 'Lasarus, kom ut!' Då kom den döde ut, med fötter och händer inlindade i bindlar och med ansiktet täckt av en duk. Jesus sade till dem: 'Gör honom fri

::Lasarus stengrav, i källaren av St. Lasaruskyrkan

och låt honom gå.'" (11:41-44)

När Lasarus familjemedlemmar hade flyttat bort stenen från grottans ingång var allas ögon fästa på Jesus. "Vad ska Han göra nu?" Alla undrade och höll andan. I den stunden lyfte Jesus blicken mot himlen och bekände: "Fader, jag prisar dig för att du hör mig. Jag vet att du alltid hör mig, men jag säger det för folket som står här, för att de ska tro att du har sänt mig." Orsaken till att Jesus sade så här i den stund då allas ögon var fästa på Honom var så att Han skulle kunna leda så många människor som möjligt till tro och ta emot frälsning.

Kort efter det ropade Jesus med hög röst, "Lasarus, kom ut!" De som var samlade där kunde inte fatta att Jesus sade till en död man att komma ut. Men något otroligt hände. Lasarus, som hade varit död, kom gående ut! Hans händer och fötter var inlindade i begravningsbindlar, och hans ansikte var täckt av en duk. På det sättet kom han ut. Människorna som var samlade där var så chockade att de inte visste vad de skulle säga. Till deras förvåning hörde de Jesus säga igen: "Gör honom fri och låt honom gå."

Hur kunde en död person som redan hade börjat ruttna komma tillbaka till livet bara för att Jesus kallade på honom? Det är möjligt för att Gud bekräftade Jesu ord till hundra procent. Gud Skaparen, universums Herre och den som bestämmer över liv och död var med Honom, och därför spelade det ingen roll vilken befallning Jesus gav, allt i skapelsen måste lyda Honom.

Konspirationen att döda Jesus

Så glada Maria och Marta måste ha blivit när Lasarus kom tillbaka till livet! De kunde förmodligen aldrig glömma bort den här nåden under resten av deras liv! Men det här var inte bara en betydelsefull händelse för Lasarus och hans familj. Många judar som också blev vittne till denna händelse började tro på Jesus som deras Messias.

Men översteprästen, fariséerna och alla judar med makt hade fortfarande inget intresse av de goda gärningar som Jesus gjorde. De gjorde allt de kunde för att hitta fel hos Honom, och konspirerade för att döda Honom.

De kallade samman Stora rådet

"Många judar som hade kommit till Maria och sett vad Jesus gjorde kom till tro på honom. Men några av dem gick till fariseerna och berättade för dem vad Jesus hade gjort. Översteprästerna och fariseerna kallade då samman Stora rådet och sade: 'Vad gör vi? Den här mannen gör många tecken. Låter vi honom hålla på så här kommer alla att tro på honom, och sedan kommer romarna och tar ifrån oss både templet och folket.'" (11:45-48)

Det var många judar som personligen såg att Lasarus kom tillbaka till livet och de kom till tro på Jesus. Även om det var svårt att inte tro efter att ha sett ett sådant oerhört obestridligt bevis från Gud, fanns det en del som gick till fariséerna för att berätta om vad som hade hänt. När de fick höra nyheterna kallade översteprästerna och fariséerna omedelbart samman Stora rådet för att diskutera saken.

"Den här mannen gör många tecken. Låter vi honom hålla på så här kommer alla att tro på honom, och sedan kommer romarna och tar ifrån oss både templet och folket."

De visste att många människor trodde på Jesus och följde Honom eftersom Han hade gjort så många tecken. Förutom det hade Han dessutom väckt upp en man som varit död i fyra dagar! Fler skulle uppenbarligen komma till tro på Honom och följa Honom. Många människor trodde att Jesus var den Messias som det hade profeterats om, och att Han skulle rädda dem från romarnas betryck, och ge dem trygghet och framgång. De tänkte att Jesus både var deras Frälsare och politiske ledare, eller kung.

Det fruktades att om en kung verkligen uppstod – som folket förväntade sig – och många människor började följa honom, skulle den romerska myndigheten förmodligen utöka den militära makten och förtrycka Israel ännu mer. Då skulle översteprästernas och fariséernas ställning, vars makt och kraft var fredad av det romerska styret, bli instabil. Så när översteprästen och fariséerna kände att deras frihet och makt var i fara, trodde de att Jesus var orsak till alla deras problem.

Genom många omständigheter började de förstå att Jesus var en alldeles särskild person. Det är därför de lejde män för att spionera på Honom och rapportera varenda liten sak Jesus gjorde tillbaka. De kunde inte tro att Han var Guds Son och såg Honom bara som en som hotade deras makt och auktoritet. Så oavsett hur många goda ting Jesus gjorde var de inte intresserade av dessa gärningar. De använde lagarna och de äldstes stadgar för att finna något slags fel på Jesus, och konspirerade över att döda Honom på något sätt.

Översteprästen profeterar om Jesu död

"En av dem, Kaifas som var överstepräst det året, sade till dem: 'Ni förstår ingenting. Inser ni inte att det är bättre för er att en man dör för folket än att hela folket går under?' Detta sade han inte av sig själv, utan som överstepräst det året profeterade han att Jesus skulle dö för folket, och inte bara för folket utan också för att samla och förena Guds skingrade barn." (11:49-52)

Efter Lasarus uppståndelse samlades judarna för att komma på någon slags plan och de var fulla av alla möjliga idéer, men ingen verklig lösning lades fram. Då sade Kaifas, översteprästen: "Ni förstår ingenting. Inser ni inte att det är bättre för er att en man dör för folket än att hela folket går under?"

Dessa ord antyder att genom den orättfärdiga handlingen att den syndfrie Jesus dog på korset skulle många människor få evigt liv. Så genom detta kan vi förstå att Jesus skulle dö, men inte för att Han var en syndare eller för att Han ledde många vilse, utan helt enkelt för att det var en del av Guds gudomliga försyn.

Romarbrevet 5:18-19 säger, *"Alltså: liksom en endas fall ledde till fördömelse för alla människor, så har en endas rättfärdighet lett till ett frikännande, till liv för alla människor. Liksom de många stod som syndare genom en enda människas olydnad, så ska också de många stå som rättfärdiga genom den endes lydnad."* Och som det sägs i Galaterbrevet 3:28, *"Här är inte jude eller grek, slav eller fri, man och kvinna. Alla är ni ett i Kristus Jesus"* var Jesu död för människor från alla nationer, i enlighet med Guds försyn.

Men Kaifas förstod dock inte riktigt den sanna implikationen av hans egna ord. Varför såg då Gud till att översteprästen, som var den ledande positionen i det starka motståndet mot Jesus, profeterade så här? Det var för att översteprästens ord hade en stor påverkan på den tiden. Människor lyssnade på vad han sade, och tog hans ord till sina hjärtan.

Om översteprästen hade talat i enlighet med sin egen vilja skulle han förmodligen ha sagt, "Låt oss snabbt gripa denne Jesus, göra oss av med Honom och rädda vår nation!" Men till och med i den stunden kontrollerade Gud hans läppar. Överstprästens intention var att säga till folket att de verkligen behövde gripa Jesus och döda Honom, men Gud lät sin försyn synas genom hans ord. På samma sätt kan det vara att vi tror att vi planerar och säger så mycket av oss själva, men allt sker i enlighet med Guds metod och försyn, vilket vida överträffar mänsklig visdom.

Så snart översteprästen hade sagt att en mans död, Jesu, skulle vara till nytta för hela nationen, började konspirationen att döda Jesus utveckla sig med full kraft. Från början hade dessa människor inte tänkt döda Jesus. Först hade de bara fått stygn i sina hjärtan eftersom Jesus hade pekat ut det onda i deras hjärtan. Problemet var vad som hände efter det. De borde ha kommit till insikt och omvänt sig direkt efter att de hade fått tillrättavisningen den första gången; men i stället fortsatte de att samla på sig mer synder. De förnekade att de tecken och under som Jesus gjorde var Guds verk, och anklagade hellre Jesus för att vara demonbesatt, och på så sätt talade de och handlade emot den Helige Ande.

Som det står i Jakobs brev 1:15, *"När sedan begäret har blivit havande föder det synd, och när synden är fullmogen föder den död"*, eftersom de inte gjorde sig av med sina onda tankar började onda ord och handlingar komma ut ur dem upprepade gånger; och till slut började de gå på den eviga dödens väg där de inte kunde ta emot frälsning.

Människorna som sökte att gripa Jesus

"Från den dagen bestämde de sig för att döda honom. Jesus rörde sig därför inte längre öppet bland judarna utan drog sig undan därifrån till landsbygden nära öknen, till en stad som heter Efraim. Där stannade han tillsammans med sina lärjungar. Judarnas påsk närmade sig, och många gick från landsbygden upp till Jerusalem före påsken för att rena sig. De sökte efter Jesus och sade till varandra där de stod på tempelplatsen: 'Vad tror ni? Kommer han inte alls till högtiden?' Men översteprästerna och fariseerna hade gett order om att den som visste var han fanns skulle tala om det så att de kunde gripa honom." (11:53-57)

Jesus visste att konspirationen att döda Honom nu hade intensifierats. I Juda område hade det redan utgått en order från översteprästerna och fariséerna som löd, "Den som vet var Jesus befinner sig ska tala om det så att Han kan gripas." Det var därför Jesus gick till Efraim, omkring 20 km norr om Jerusalem. Och Han stannade där med sina lärjungar ända till påsken. Eftersom påsken var en så stor högtid gick hela Israels folk till Jerusalem för att fira den. Men den som kom i kontakt med något smutsigt eller orent djur eller objekt, eller som begick en oren handling kunde inte delta i påskhögtiden.

Jerusalem var under tiden för påskhögtiden redan fylld av människor. Folk samlades i templet i Jerusalem och samtalade. För det mesta handlade deras samtal om Jesus. Det fanns också en del som kämpade sig igenom skarorna för att leta efter Jesus, och man talade om Jesus överallt. "Vad tror ni?" "Kommer Han inte alls till högtiden?"

Given omständigheterna var det förmodligen enkelt för folket att tro att Jesus inte skulle komma upp till Jerusalem av fruktan för att bli gripen. Men det var inget annat än vanliga människotankar. Jesus tänkte inte på det sättet. Den som verkligen älskar Gud kommer lägga allt i Hans händer och förlita sig på Honom.

Matteus 10:28 lyder, *"Var inte rädda för dem som dödar kroppen men inte kan döda själen. Frukta i stället honom som kan fördärva både själ och kropp i Gehenna."*

Kapitel 12

Det segerrika intåget i Jerusalem

1. Maria förbereder för Jesu begravning
(12:1-11)

2. Intåget i Jerusalem
(12:12-36)

3. Messias undervisning
(12:37-50)

Maria förbereder för Jesu begravning

Med påsken bara några dagar bort, var det också den sista veckan av Jesu tre år ganska korta offentliga tjänst. För Jesus, som kände till både judarnas sammansvärjning att döda Honom och Fader Guds vilja och försyn i frälsningen genom Hans död på korset, var denna tid helt olik någon annan tid i Hans liv. När det var dags för påsken bröt Jesus mot allas förväntan och gick tillbaka till Betania där Lasarus familj bodde. Även fast Han visste att faran väntade Honom där, trädde Han fram inför judarna för att uppfylla Guds vilja. Men trots spänning som låg i luften fanns det några som förberedde en fest för Jesus.

Maria från Betania häller ut parfym över Jesu fötter

"Sex dagar före påsk kom Jesus till Betania där Lasarus bodde, han som Jesus hade uppväckt från de döda. Där ordnade de en festmåltid för honom. Marta passade upp, och Lasarus var en av dem som låg till bords med honom. Då tog Maria en hel flaska dyrbar äkta nardusolja och smorde Jesu fötter och torkade dem med sitt hår, och huset fylldes av doften från oljan." (12:1-3)

När Lasarus familj hörde nyheterna att Jesus var på väg till Betania förberedde de en stor fest för Honom. Marta var väldigt upptagen med att förbereda maten för gästerna. Det var en festlig atmosfär och människorna var fortfarande glada över att Lasarus nu levde efter att ha varit död. Jesus var hedersgäst den kvällen och satte sig ner för att äta middag tillsammans med sina lärjungar och Lasarus.

Då kom Maria fram till Jesus med en hel flaska väldigt dyrbar parfym. Sedan hällde hon ut parfymen över Hans fötter. Huset fylldes av nardusdoften från oljan. Till skillnad från människorna som såg vad Maria gjorde med förvåning och nyfikenhet, var Maria väldigt vördnadsfull. Efter att ha hällt ut parfymen böjde hon sig ner och torkade Jesu fötter med sitt hår.

På den tiden var det otänkbart för en kvinna att tvätta någons fötter med sitt hår. Att tvätta någons fötter betydde dessutom att man tillhörde den allra lägsta samhällsklassen.

Men för Maria handlade det inte om vad människor tyckte eller tänkte. För henne handlade det inte bara om dyrbar parfym. Det handlade om vad hon kunde göra för att uttrycka den sanna kärlek och uppskattning hon hade i sitt hjärta över att Jesus hade uppväckt Lasarus från det döda. När vi ser på den andliga innebörden av flaskan och parfymen, kan vi bättre förstå vilken underbar gärning Maria gjorde.

En "flaska" på den tiden var något som innehöll något väldigt dyrbart eller en skatt. Den hade inget lock eller något som täckte över det. För att få ut parfymen var man tvungen att bryta sönder flaskans öppning. En "flaska" symboliserar kroppen. När Maria därför bröt sönder flaskan betyder det att hon offrade sin kropp för att tjäna Herren. Som Maria kan vi i sanning tjäna Herren bara när vi lägger åt sidan vår status och vår position, och oron över vad andra människor kan tänka om oss och överlåter oss själva till Honom.

"Nardus" är en egenartad växt som växer i Himalaya. Den är inte bara sällsynt; att göra parfym av den är också mycket svårt. Ett pund av nardus kan ha kostat över tre hundra denarer. En denar var värd en dagslön. Tre hundra denarer var därför en ansenlig summa pengar, jämförbart med en årslön – och det efter att arbetaren har sparat den helt, utan att spendera något av den.

Det var så dyrbar parfymen var som Maria hällde över Jesu fötter. Hon gav allt hon hade och allt hon var till Herren. Det Maria gjorde var underbart. Det är därför vi än idag, när vi läser om vad Maria gjorde, fortfarande kan känna den ljuvliga doften i våra hjärtan.

Judas Iskariot kritiserar Maria

"Men Judas Iskariot, en av hans lärjungar, den som skulle förråda honom, invände: 'Varför sålde man inte den oljan för trehundra denarer och gav till de fattiga?' Det sade han inte för att han brydde sig om de fattiga, utan för att han var en tjuv och brukade ta för sig av det som lades i kassan som han hade hand om. Jesus sade då: 'Låt henne vara. Hon har sparat den till min begravningsdag. De fattiga har ni alltid bland er, men mig har ni inte alltid.'" (12:4-8)

När människor såg det här började de prata. En del verkade överraskade över hennes oväntade handling, och en del talade sinsemellan och undrade, "Varför gör hon så?" Då tittar Judas Iskariot med ogillande blick på Maria och kritiserar henne. Han tillrättavisar henne för att hon slösar bort den dyrbara oljan i stället för att hjälpa de fattiga. Först verkar det som om det han säger är rätt. Men Judas Iskariots hjärta var inte i rätt ställning när han sade det han sade.

Som en av Jesu lärjungar tog han hand om finanserna. Många gånger hade han hjälpt sig själv med en del av pengarna han var satt till att förvalta. Om Maria hade sålt parfymen och gett pengarna till Jesus skulle Judas ha kunnat ta en ansenlig summa av de pengarna för eget bruk. Ju mer han tänkte på parfymen som hälldes ut över Jesu fötter, desto mer kände han begär efter de pengar han hade kunnat få. Till Judas Iskariots kritik svarade Jesus, "Låt henne vara. Hon har sparat den till min begravningsdag. De fattiga har ni alltid bland er, men mig har ni inte alltid."

I Markus 14:8 kan vi se vad Jesus om Marias gärning, *"Hon har gjort vad hon kunde; hon har i förväg smort min kropp för begravningen."* Och precis som Han hade sagt, dog Jesus på korset bara några dagar senare. Maria hade givetvis ingen aning om vad som skulle hända när hon hällde ut parfymen över Honom – hon älskade Honom och levde för Honom, och hon hade bara blivit ledd att uttrycka sin kärlek till Honom.

Det ledde till att Maria fick spela en väldigt viktigt roll i att förbereda Hans begravning i förväg. Det var därför Jesus sade följande om Maria, *"Jag säger er sanningen: Överallt i hela världen där evangeliet förkunnas ska man också berätta vad hon gjorde och komma ihåg henne"* (Markus 14:9). Det gjorde Maria till en väldigt välsignad kvinna.

Men Judas Iskariot var så frustrerad över parfymen. Och när Jesus stod upp för Maria blev han ännu argare. Det kändes som att hans ord inte betydde något. Det kändes som att han inte längre kunde vara med Jesus. Under sin tid med Jesus hade han sett många tecken och under som inte kunde göras av någon människa. Varför går det då till slut så, att han gör så Jesus bedrövad att Han säger att det vore bättre om Judas inte ens hade blivit född (Matteus 26:24)?

På utsidan såg det ut som att Judas Iskariot följde Jesus och hjälpte Honom. Men djupt inne i hans hjärta var han girig och självisk. Och som kassör märkte han att offren som kom in från människor som tog emot Guds nåd genom Jesus var ganska stora. Och ingen visste om att han brukade hjälpa sig själv med en del av pengarna. Driven av sin egen girighet fortsatte han att stjäla från penningpungen och förändrade inte sina vägar. Och som en av Jesu lärjungar visste han att han skulle bli respekterad och han räknade dessutom med att han också skulle få del i makten om Jesus blev en mäktig ledare.

Men omständigheterna fortsatte att avvika från hans förväntningar. Jesus höll på att bli översteprästernas och fariséernas hatobjekt och de fördömde Honom. Ingen visste när Han skulle kunna gripas. Förutom det försvarade Jesus Marias handling, vilket provocerade honom till ännu större förakt. Känslor av besvikelse och frustration växte sig djupare och djupare i Judas. Då fattade han beslutet av överlämna Jesus till översteprästerna, och från och med då letade han efter den rätta möjligheten att förråda Jesus (Matteus 26:14-16).

Översteprästerna planerar också att döda Lasarus

"En stor mängd judar fick veta att Jesus var där, och de kom inte bara för Jesu skull utan också för att se Lasarus som han hade uppväckt från de döda. Då bestämde sig översteprästerna för att döda även Lasarus, eftersom många judar lämnade dem för hans skull och trodde på Jesus." (12:9-11)

På deras väg upp till Jerusalem för att förbereda sig för påsken var det många människor som började samlas nära Betania eftersom de hade hört att Jesus var där. De ville själva se vem denne Jesus var, som hade uppväckt en död person som legat i graven i fyra dagar.

Att uppväcka en person som varit i graven i fyra dagar var ett bevis som hjälpte människor att lita på Jesus ännu mer. Om Gud inte hade varit med Jesus skulle det här aldrig kunnat inträffa. Men trots att översteprästerna hade sett detta bevis vägrade de att tro. Och eftersom många judar började tro och följa Jesus på grund av vad som hade hänt med Lasarus, planerade översteprästerna att döda också Lasarus. Som människor som har ögon men inte kan se, och öron men inte kan höra, såg de Guds kraft men de varken såg eller förstod sanningen eftersom deras hjärtan var onda.

Intåget i Jerusalem

För att kunna gå till Jerusalem var Jesus, som var i Betania med sin lärjungar, tvungen att gå igenom Betfage som låg vid foten av Olivbergets sydöstra sida. Med påsken i antågande var Han på väg upp till Jerusalem för att uppfylla sitt uppdrag på korset. Eftersom intåget i Jerusalem bara nämns kortfattat i Johannes evangelium ska vi använda också Matteus kapitel 21 och Markus kapitel 11 som referens.

Folket ropar "Hosianna" för att välkomna Jesus

"Nästa dag hade folk i stora skaror kommit till högtiden. När de fick höra att Jesus var på väg in i Jerusalem, tog de palmblad och gick ut för att möta honom. Och de ropade: 'Hosianna! Välsignad är han som kommer i Herrens namn, han som är Israels kung!' Jesus fann ett åsneföl och satt upp på det, som det står skrivet:..." (12:12-14)

Just innan Han ska gå in i Jerusalem säger Jesus till två av sina lärjungar att gå till staden på andra sidan och hämta en ung åsna därifrån (Markus kapitel 11). Eftersom Han visste att lärjungarna skulle undra, "Varför vill Han att vi ska hämta en åsna helt plötsligt?" sade Jesus till dem, *"Och om någon frågar er varför ni gör så, ska ni svara: Herren behöver det. Och han skickar strax hit det igen"* (Markus 11:3).

Eftersom de visste att Jesus inte skulle säga något utan orsak, gick lärjungarna omedelbart iväg till byn på andra sidan. Ingen visste hur längre åsnefölet hade stått där, men det fanns ett hus där ett åsneföl stod bundet. När lärjungarna lösgjorde åsnefölet frågade de som i närheten, "Varför lösgör ni åsnefölet?"

När lärjungarna berättade exakt vad Herren hade sagt till dem, fick de tillåtelse att göra det. Så snart de återvände med åsnefölet tog lärjungarna av sig sina mantlar och lade dem på åsnan (Matteus kapitel 21; Markus kapitel 11). Jesus red på åsnan till toppen av Olivberget. Därifrån kunde man se hela Jerusalem och dess omnejd. Jesus stannade till ett ögonblick och såg på Jerusalems tempel och kände sig förkrossad. Han visste att Jerusalems tempel en dag skulle förstöras. Han kunde inte annat än att sörja.

"Dagar ska drabba dig då dina fiender bygger en belägringsvall runt dig och omringar och pressar dig från alla håll. De ska slå dig och dina barn i dig till marken och

inte lämna sten på sten i dig, därför att du inte förstod den tid då Herren besökte dig" (Lukas 19:43-44). Jesus själv skulle bli spikad fast vid korset i enlighet med Guds försyn, men när Han tänkte på det lidande som Israels folk skulle gå igenom efter att de hade spikat fast Honom vid korset, var det förmodligen svårt för Honom att fortsätta gå.

Jerusalem var fylld med folk eftersom påskhögtiden var nära. När nyheterna om att Jesus var på väg till Jerusalem spred sig började folk samlas på gatorna. Varenda en tog en gren från ett palmträd – en sprang, andra följde efter – och folket ropade hyllningsord. En del lade ner sina mantlar eller grenar längs vägen för Jesus. "Hosianna! Välsignade är han som kommer i Herrens namn, han som är Israels kung!"

Ett palmträd är en segersymbol och "hosianna" betyder "Rädda oss!" Folket trodde att Jesus var deras Messias, Kungen som skulle befria dem från romarnas betryck och ge dem frihet och fred. Men Jesus var inte en politiker eller en kung som kom för att befria Israel.

Jesus var världens Frälsare som skulle dö på korset för mänsklighetens synder och uppstå genom att förgöra dödens makt. Som den Guds helige och kunglige Son skulle Han sätta sig på Gud Faderns högra sida. Så varför red en så viktig person in i Jerusalem på ett ungt åsneföl?

Uppfyllelsen av Sakarjas profetia

"Var inte rädd, dotter Sion! Se, din kung kommer, ridande på ett åsneföl. Hans lärjungar förstod först inte detta. Men när Jesus hade blivit förhärligad, kom de ihåg att det var skrivet så om honom och att man hade gjort så för honom." (12:15-16)

Jesus var kungars Kung, världens Frälsare, hela skapelsens Herre, men Han red in i Jerusalem på ett enkelt åsneföl. Det var för att uppfylla profetian från Sakarja:

"Fröjda dig storligen, du Sions dotter!
Höj jubelrop, du Jerusalems dotter!
Se, din konung kommer till dig,
rättfärdig och segerrik är han.
Han kommer ödmjuk,
ridande på en åsna, på en åsninnas föl"
(Sakarja 9:9).

Det unga åsnefölet hade nyligen blivit fött, ingen hade ridit på det förrut, och det som symboliserar renhet. Jesus, Guds Son, som kom till den här världen och blev förstlingsfrukten från uppståndelsen, var en helig och ren person. Därför måste det Han red på vara rent.

Ett ungt åsneföl symboliserar också ödmjukhet. Jesus var verkligen någon som förtjänade den högsta lovsången och äran, mer än någon annan i hela världen, men precis som åsnan bär tunga bördor för människorna, var Jesus tvungen att bära mänsklighetens synder och dö på korset. Det är varför Han ödmjukade sig och uppfyllde Guds Ord som det hade profeterats om i Gamla testamentet.

"Sion" symboliserar Jerusalem, den stad David hade utsett

till huvudstad. Det står också för hela Israel, eller den plats där Gud bor. Därför handlar också "dotter Sion" om folket som tror på Gud, eller Guds barn. Och "din kung" handlar om Jesus, Guds Son.

"Var inte rädd, dotter Sion" säger oss att vi inte ska vara rädda, eftersom Jesus ska rida in i Jerusalem på ett åsneföl för att uppfylla Guds frälsningsplan. Egentligen skulle mänskligheten ha skakat av fruktan eftersom vi blev underställda fienden djävulen och Satans makt genom vår synd och kunde inte bli räddade undan evig död – helvetet. Men för att Jesus tog på sig korset öppnades vägen till frälsning; så att alla som tror och kommer inför Gud inte har något att frukta.

På den tiden förstod inte lärjungarna varför Jesus red på ett åsneföl, och varför människorna vajade palmkvistar och ropade "Hosianna" när de välkomnade Jesus. Det var först efter att Jesus hade uppstått som de insåg varför allt detta hade hänt, och att det i själva verket var Jesus som Sakarjas profetia hade handlat om.

Fariséerna blir oroliga över folkets välkomnande

"Alla som hade varit med honom när han kallade Lasarus ut ur graven och uppväckte honom från de döda vittnade nu om detta, och många kom ut och mötte honom därför att de hörde att han hade gjort detta tecken. Då sade fariseerna till varandra: 'Ser ni att ni inte kommer någon vart? Hela världen springer ju efter honom.'" (12:17-19)

När Jesus uppväckte Lasarus från det döda var många judar där med Honom. De berättade för andra vad de hade sett med sina ögon. Nyheterna om denna händelse fick stor spridning och hade sådan påverkan att det inte fanns någon i området som inte kände till vad som hade hänt. Alla som hörde nyheterna – om hur en man hade förts tillbaka till livet efter att ha varit död i fyra dagar – ville se Jesus. Så när de fick höra att Jesus var på väg till Jerusalem, vad tror du hände? Folket strömmade ut på gatorna och ropade hyllningsord, och upprymdheten fyllde luften.

Men det fanns de som såg på detta med irriterade blickar och nervösa känslor. Det var översteprästerna och fariséerna. De var oroade över att deras makt och auktoritet skulle tas ifrån dem, och de började frukta att deras plan att döda Jesus inte skulle bli så enkel som de hade trott. De sade till varandra, "Ser ni att ni inte kommer någon vart? Hela världen springer ju efter honom."

Det var uppenbart att Gud var med Jesus, och många människor följde Honom. Det borde ha varit tillräckligt för att få fariséerna att inse att deras dom var felaktig och få dem att ändra sina vägar. Men av någon anledning handlade de och talade de som om de var blinda och döva, trots att de helt klart hade ögon att se med och öron att höra med. Det berodde på att det inte fanns någon sanning i deras hjärtan. Men det tråkiga var att de inte var okunniga hedningar – de var ledare och lärare som hävdade att de tillbad Gud med mer nitälskan än någon annan. De var ledare som borde ha lett sitt folk till frälsning; men i stället kände de inte igen Jesus och gick åt motsatt håll, bort från frälsningen och mot fördömelsen.

Grekerna som ville träffa Jesus

"Bland dem som hade kommit upp för att tillbe vid högtiden fanns några greker. De kom nu till Filippus, som var från Betsaida i Galileen, och bad honom: 'Herre, vi vill se Jesus.' Filippus gick och talade om det för Andreas, och Andreas och Filippus gick och berättade det för Jesus. Jesus svarade: 'Stunden har kommit när Människosonen ska förhärligas.'" (12:20-23)

Bland de som kom till Jerusalem för att fira påsken fanns greker. Några av grekerna kom till Filippus, en av Jesu lärjungar. "Herre, vi vill se Jesus."

Filippus berättade det här för Andreas och båda gick för att berätta det för Jesus. När Jesus hörde att grekerna ville träffa Honom, gav Jesus dem ett väldigt betydelsefullt budskap. "Stunden har kommit när Människosonen ska förhärligas."

Grekerna var inga vanliga främlingar. De uppfyller, "Den andliga törsten som kommer för att stunden är nära" (Amos 8:11-13). Jesus lärde ut Guds ord under tre år. Under denna tid var alla som hörde Hans ord tacksamma och glada som ett torrt land som tar emot ett näringsrikt regn.

Ju närmare tiden för "Människosonens stund att förhärligas", desto större andlig törst fick folket, det vill säga, de som älskade och sökte efter sanningen. De visste naturligtvis inte att Jesus snart skulle dö på korset, men det var som att de kunde förnimma det, och de ville se Honom en gång till, och lyssna på Hans ord en gång till.

Liknelsen om det ensamma vetekornet

"Jag säger er sanningen: Om vetekornet inte faller i jorden och dör, förblir det ett ensamt korn. Men om det dör bär det rik frukt. Den som älskar sitt liv förlorar det, men den som sätter sitt liv sist i den här världen ska bevara det till evigt liv. Om någon vill tjäna mig ska han följa mig, och där jag är ska också min tjänare vara. Om någon tjänar mig ska Fadern ära honom." (12:24-26)

För att tala om vart Han behövde gå berättade Jesus en liknelse om det ensamma vetekornet för människorna, samtidigt som Han profeterade om sin död och uppståndelse. Om du sår ett ensamt vetekorn kan du få omkring 50-100 vete tillbaka från det. Men om du inte sår det spelar det ingen roll hur mycket du väntar, du kommer inte få något alls.

Jesus ödmjukade sig själv och underordnade sig Gud till den grad att Han dog på korset. Det här att fullkomligt fullborda korsets väg var nödvändigt för att leda syndare från döden till livet. Resultatet? Alla som tar emot Jesus som sin Frälsare blir förlåten sina synder och tar emot evigt liv. Som Jesus sade, "Om vetekornet inte faller i jorden och dör, förblir det ett ensamt korn. Men om det dör bär det rik frukt", kunde många Guds barn komma som rik frukt på grund av att Jesus, den Enfödde Sonen, dog på korset.

Jesus sade också, "Den som älskar sitt liv förlorar det, men den som sätter sitt liv sist i den här världen ska bevara det till evigt liv." "Sitt liv" handlar inte bara om livet i sig själv. Det står också för allt som man håller kärt i livet. Pengar, berömmelse, makt, kunskap, barn och självkänsla kan vara sådana ting. Den som älskar sådant lika mycket som sitt liv kommer till slut att förlora det. Men om man gör sig av med köttsliga ting från sitt hjärta kan man få det som är evigt.

Efter att aposteln Paulus fick möta Herren ansåg han att alla världsliga ting han en gång hade hållit kärt var som avskräde (Filipperbrevet 3:8). Han visste att kunskapen om Kristus Jesus var det allra dyrbaraste man kunde ha i den här världen. Det ledde till att han blev ett Guds barn som sökte efter sanningen och tog emot Guds ledning. Som Jesus sade kommer den som hatar sitt liv att bevara det till evigt liv, och Paulus blev upplyft till en härlighetsfull position lika klar som solen i himlen. När någon tjänar Jesus ärar därför Gud honom (Johannes 12:26).

Jesu bön

> "'Nu är min själ i ångest. Vad ska jag säga? Far, fräls mig från denna stund? Nej, det är för denna stund jag har kommit. Far, förhärliga ditt namn!' Då kom en röst från himlen: 'Jag har förhärligat det, och jag ska förhärliga det igen.' Folket som stod där och hörde det sade att det var åskan, andra sade att det var en ängel som talade till honom. Jesus svarade: 'Den rösten kom inte för min skull, utan för er.'" (12:27-30)

Mycket snart skulle den fläckfrie och felfrie Jesus, den Helige, ta på sig hela mänsklighetens synd och ta emot samma straff som en hemsk brottsling. Därför gav Jesus denna bekännelse inför Gud: "Nu är min själ i ångest. Vad ska jag säga? Far, fräls mig från denna stund?"

Denna bekännelse visar oss Jesu mänskliga natur. Men när Han sade, "Fräls mig från denna stund" menade Han inte att Han inte ville ta på sig korset – Han sade detta för att visa hur tung syndabördan var, som Han var tvungen att bära.

"Nej, det är för denna stund jag har kommit. Far, förhärliga ditt namn!" Detta uttalande visar oss Jesu gudomliga natur. När Han bekände att Han ville förhärliga Gud genom att uppfylla sitt syfte med att komma in i denna värld, kom en röst från himlen: "Jag har förhärligat det, och jag ska förhärliga det igen."

Detta samtal visar oss hur mycket Gud älskar Jesus. Gud sade att Han redan hade blivit förhärligad genom Jesus, och att Han än en gång skulle bli förhärligad efter Jesu död på korset, och Hans uppståndelse därefter.

När en hög röst kom från himlen under Jesu bön, sa folket att det antingen hade varit åskan eller att det var en ängel som hade talat till Honom. Då sade Jesus att rösten inte hade kommit för Hans skull, utan "för er." Det berodde på att Gud, som i grunden är ett med Jesus, inte hade något behov av att svara med en hög röst, men Han gjorde det för att plantera tro i de som stod runt omkring.

Jesus kom till den här världen för att uppfylla Guds vilja. Denna vilja var att frälsa mänskligheten, ge dem sant liv och låta dem återfå deras sanna avbild, vilket var den som skapades i Guds avbild. Det fanns gånger då Han var hungrig och törstig, men Han gjorde sitt bästa för att sprida Guds vilja och evangeliet och ge till så många människor som möjligt.

Jesus talar om sin död på korset

"'Nu går en dom över denna värld. Nu ska denna världens furste kastas ut. Och när jag blivit upphöjd från jorden, ska jag dra alla till mig.' Detta sade han för att ange på vilket sätt han skulle dö. Då sade folket till honom: 'Vi har hört i lagen att Messias ska vara kvar för alltid. Hur kan du då säga att Människosonen måste bli upphöjd? Vad är det för en Människoson?'" (12:31-34)

"Denna världens furste" handlar om fienden djävulen och Satan, som är denna världens furste. I denna värld finns det lagar som människor måste foga sig efter. När man inte följer dem blir man straffad. På samma sätt får man i den andliga världen ett dödsstraff om man syndar (Romarbrevet 6:23). Fienden djävulen och Satan bröt den andliga lagen eftersom han dödade Jesus, som inte hade någon synd. Så fienden djävulen och Satan blev en lagbrytare. Det är vad Jesus menade med att säga, "nu går en dom över denna värld."

Jesus kunde inte bindas av döden eftersom Han var syndfri. Därför lösgjorde Gud honom från dödens lidande och uppväckte Honom tillbaka till livet. Och eftersom Jesus förgjorde dödens makt, är den som tar emot Jesus Kristus inte längre underställd Satans betryck. Eftersom fienden djävulen och Satan bröt mot den andliga lagen blev han utkastad och mänskligheten, som en gång varit syndare, kallas nu rättfärdiga, och kan regera i liv genom Jesus Kristus (Romarbrevet 5:17).

"Och när jag blivit upphöjd från jorden, ska jag dra alla till mig." När Jesus sade detta menade Han att Han, genom att ta på sig alla synder och dö på korset, ledde människor från mörkret till ljuset; och från döden till livet. Det var möjligt eftersom Jesus skulle uppstå efter att Han dött och genom denna händelse skulle många människor komma att tro på att Jesus är Kristus och komma till himlen. Jesus visste hur Han skulle dö. Jesus kände också mycket väl till försynen i korset, den hemlighet som varit dold sedan före tidernas begynnelse. Det var därför Han talade om sin död på korset i förväg, och sedan uppfyllde sitt uppdrag helt och hållet.

"Vi har hört i lagen att Messias ska vara kvar för alltid. Hur kan du då säga att Människosonen måste bli upphöjd? Vad är det för en Människoson?" Människor som varken visste vad som skulle komma eller förstod den andliga betydelsen i Jesu ord blev förvirrade av alla sina tankar.

Med "lagen" menade de Pentateuken, eller de fem Moseböckerna – 1, 2, 3, 4 och 5 Moseboken. Folket sade att de hade hört i lagen att Messias skulle stanna kvar för alltid. Men för att vara exakt så återfinns inte denna information i Pentateuken. Det står faktiskt i det Gamla testamentets profetior.

I Jesaja 9:7 står det, *"Så skall herradömet bli stort och friden utan slut över Davids tron och hans kungarike. Det skall befästas och stödjas med rätt och rättfärdighet från nu och till evig tid. Herren Sebaots nitälskan skall göra detta."* Och i Daniel 7:14 står det, *"Åt honom gavs makt och ära och rike, och alla folk och stammar och språk måste tjäna honom.*

Hans välde är ett evigt välde som inte skall ta slut, och hans rike skall inte förstöras."

På den tiden var lagen, som folket refererade till, helt annorlunda än dess ursprungliga form. Fariséerna och sadducéerna hade gjort om det allra minsta lilla till lagar och ibland tolkade de lagen eller förändrade lagen för att det skulle passa deras syften bättre. Det är därför som de, trots att de såg alla mirakulösa ting som Jesus gjorde, inte förstod. De förstod inte heller Gamla testamentets profetior som handlade om Kristus. De tolkade Guds vilja inom de begränsade mänskliga tankarna. Men, precis som det är profeterat om i Gamla testamentet stannar Jesus Kristus kvar för alltid och Hans kraft är oföränderlig.

Jesus drar sig undan från folket och döljer sig

"Jesus sade till dem: 'Ännu en kort tid är ljuset bland er. Vandra medan ni har ljuset så att inte mörkret övervinner er. Den som vandrar i mörkret vet inte vart han går. Tro på ljuset medan ni har ljuset, så att ni blir ljusets barn.' När Jesus hade sagt detta, drog han sig undan och dolde sig för dem." (12:35-36)

"Ljuset" här handlar om Jesus (Romarbrevet 9:5). Som Ljuset hjälpte Jesus människor att förstå deras sanna identitet och Han gav dem ledning i livet: I allt ni gör – om ni äter eller dricker – gör allt till Guds ära. Så länge man stannar i Kristus vandrar man inte vilse, och då kan man få lösningar på livets alla problem.

Men när Jesus talade om att dö på korset blev till och med de som trodde att Jesus var Messias skakade i sin tro. Så för att bevara deras tro så att den inte skulle skakas sade Jesus till dem att Hans död på korset inte var något som skulle ske nu direkt.

Han sade till dem att eftersom det fortfarande fanns en kort tid kvar skulle de försöka tro på Honom och vandra i Ljuset. Och även när mörkret verkar vara starkare varnade Han dem att inte bli övervunna av det. Vad Han menade var att även fast Han skulle dö på korset skulle de inte tro att det var över och förlora hoppet.

När Jesus såg att folkets tro blev skakad bara över att höra lite om det som var på väg att ske, uppmanade Jesus dem igen, "Tro på ljuset medan ni har ljuset, så att ni blir ljusets barn." Detta betyder att om de trodde på Jesus skulle Gud genom dem, visa att Han lever och göra var och en av dem till världens ljus. Efter att ha sagt detta drog Jesus sig undan och dolde sig för dem. Han gjorde det för att i tystnad undvika dessa människor som inte kunde förstå Hans andliga ord och som än en gång tvivlade och inte trodde.

Messias undervisning

Just innan påsken red Jesus ödmjukt in i Jerusalem på ett åsneföl. Många människor välkomnade Honom och följde Honom. Men det var bara för en kort tid. Bland folket som hörde Jesu ord blev en del skakade i sin tro och började tvivla. Men att folket inte skulle kunna tro att Han var Messias, trots att Han gjorde så många tecken, hade Jesaja redan profeterat om.

Jesajas profetia och Messias

"Trots att han hade gjort så många tecken inför dem trodde de inte på honom. Så uppfylldes profeten Jesajas ord: Herre, vem trodde vår predikan, och för vem blev HERRENS arm uppenbarad?" (12:37-38)

Profeten Jesaja var en profet från den tionde kungen, kung Ussia, ända till den 13:e kungen, kung Hiskia. Han profeterade om de dystra omständigheterna kring Messias ankomst, om Israels återupprättande och om en välsignad framtid (Jesaja 60:14, 20). Han gav en detaljerad profetia om Jesu utseende, den kommande Messias, om Hans lidande och frukten av det. Han berättade också att många människor inte skulle acceptera eller tro på Jesus som kom som Messias, och att de skulle förkasta Honom.

"Herre, vem trodde vår predikan, och för vem blev HERRENS arm uppenbarad?" (Jesaja 53:1). I detta skriftställe kan vi känna Jesajas frustration och sorg över folkets brist på tro. När vi håller fast vid evangeliet och accepterar Jesus som vår Frälsare, förlåter Gud oss våra synder och för oss från döden till livet, och vi får frälsning. Men varför är det så få människor som kan göra det genom Guds kraft och bli frälsta?

Anledningen till att människor inte kunde tro på Jesus som Messias

"Alltså kunde de inte tro, för Jesaja har också sagt: Han har förblindat deras ögon och förhärdat deras hjärta, så att de inte ser med sina ögon och förstår med sitt hjärta och vänder om och blir helade av mig. Så sade Jesaja därför att han såg hans härlighet och talade om honom." (12:39-41)

Jesaja visste varför människor inte kunde tro på Jesus.

Orsaken var att "Han har förblindat deras ögon och förhärdat deras hjärta, så att de inte ser med sina ögon och förstår med sitt hjärta." Vad betyder detta? Gud gör inte en del människor goda och en del människor onda. Alla människor har ondska i sin hjärtegrund. Men när de inte gör sig av med ondskan utan fortsätter handla på det sättet, kommer de till slut bli blinda för sanningen som är ljuset.

Om en högmodig person inte gör sig av med sin stolthet till exempel utan fortsätter att döma och fördöma andra människor, samlar han ondska på ondska. Därför blir hans hjärta hårdare och hårdare och till slut kommer han att gå på dödens väg. Om vi ser oss omkring, ser vi människor som vet att rökning och drickande är dåligt för hälsan, men ändå fortsätter de att röka och dricka. Sedan ser vi dem lida av olika slags sjukdomar eller bli alkoholister och lever tragiska liv. Det är ett resultat av att de fortsatte att hänge sig till något som de visste var dåligt.

På samma sätt kunde människor som förkastade Jesus inte acceptera Honom på grund av den ondska som fanns i deras hjärtan, inte för att Gud hade gjort dem sådana. Varför låter det då i Skriften som att Gud har förblindat deras ögon och förhärdat deras hjärtan? Det är för att Gud inte har något med de människor att göra som medvetet överger Hans lag och redan har blivit slavar till fienden djävulen och Satan, och som fortsätter att göra onda handlingar. Gud lämnar de människorna i fred. I avsaknad av Guds ingripande blir deras ögon förblindade och deras hjärtan förhärdade, och de har enbart sig själva att skylla.

Men när Hans barn syndar lämnar Gud dem inte ensamma. Han leder dem så att de vänder sig bort från sina onda vägar. Om en troende med tro till exempel inte helgar Herrens dag eller inte ger sitt tionde eller gör något annat som inte behagar Gud, då kommer Gud tillåta prövningar och lidanden att komma över dem, beroende på hur allvarlig synden är. Genom att dra den här gränsen sänder Gud hela tiden tecken till sina barn att de ska vända sig bort från synden.

I de tidigare nämnda verserna står det, "Han har förblindat deras ögon och förhärdat deras hjärtan så att de inte ser med sina ögon och förstår med sitt hjärta och vänder om och blir helade av mig." Först ser vi Guds ord och Hans gärningar med "ögonen" och får tro. Och när vi låter det komma ner i hjärtat lyssnar vi inte bara på Guds Ord, vi blir upplysta, och vänder oss bort från ondska.

När vi förstår med hjärtat förvandlas vi till underbara människor i sanningen. Vi vet att det här är den enda vägen till evigt liv. Så när vi ser med våra ögon och förstår med våra hjärtan och vänder oss bort från ondskan kommer Gud att hela oss och svara på våra böner. Men eftersom människor inte gör sig av med sin ondska blir deras ögon blinda och deras hjärtan förhärdade, och de kan inte ta emot helande.

Profeten Jesaja levde omkring 700 år innan Jesus kom, men han såg Herrens härlighet och profeterade om Herren. Det var för att han hade ett gott hjärta och Han tog emot Guds kärlek på ett grundligt sätt. Han var helt annorlunda mot översteprästen och fariséerna som inte ens kunde känna igen Jesus när Han stod rakt framför deras ögon.

> "Ändå var det många som trodde på honom, även bland rådsherrarna. Men för fariseernas skull ville de inte bekänna det, för att inte bli uteslutna ur synagogan. De älskade människors ära mer än äran från Gud." (12:42-43)

"Rådsherrarna" var människor som fick lön från kungens palats, armé eller land. De var också människor som arbetade eller tjänade i templet. Ledarna i Stora rådet, templet, palatset, förgården och människor som tjänade kungen i de inre förgårdarna ansågs alla vara "rådsherrar." Även bland dessa typer av rådsherrar i samhället växte antalet människor som trodde på Jesus Kristus.

Men av fruktan för att bli uteslutna ur synagogan kunde de inte berätta om sin tro. Om de bekände Jesus som Kristus skulle de inte bara bli av med sin sociala status, de skulle också varit tvungna att stå ut med folkets förföljelse och hån. Så även om de hade tro, hade de inte fullkomlig tro eller ett uppriktigt hjärta (Hebreerbrevet 10:22). De älskade människors ära, rikedomen, berömmelsen och makten i den här världen mer än äran från Gud.

"Jag har kommit för att frälsa världen"

> "Jesus ropade: 'Den som tror på mig, han tror inte på mig utan på honom som har sänt mig. Och den som ser mig, han ser honom som har sänt mig. Jag har kommit till världen som ett ljus, för att ingen som tror

på mig ska bli kvar i mörkret. Om någon hör mina ord och inte håller dem, så dömer inte jag honom, för jag har inte kommit för att döma världen utan för att frälsa världen.'" (12:44-47)

Till diplomatiskt utsända från ett särskilt land visas särskild hövlighet på grund av att de är landets representanter. Att ha med de utsända att göra är samma sak som att ha med landet som sände ut dem att göra, eller den högsta ledaren för det landet. Om en person på samma sätt tror på Gud kommer han att lita på och lyda profeten som är sänd av Gud. Och, vem är Jesus? Han är Guds Son som kom in i den här världen och visade många tecken. Även om vi inte kan se Gud med våra ögon, såg Gud till att vi, genom de mirakulösa tecknen som Jesus gjorde, kunde tro på Honom.

Jesus kom in i den här världen som det sanna Ljuset. Om vi snubblar runt i beckmörker och vi får se en strimma ljus kommer det ljuset vara väldigt dyrbart. Medan vi var i syndens mörker och vi inte visste vart vi skulle gå, kom Jesus på samma sätt som Ljuset och blev vägen, sanningen och livet för oss. Därför spelar det ingen roll vilka problem vi har, om vi ber till Fader Gud i Jesu Kristi namn, som är Ljuset, kan vi ta emot nyckeln för att lösa alla problem.

Därför är det enbart rätt att vi tror på Jesus Guds Son och lyder Honom som kom in i den här världen i köttet. Men det finns så många människor som inte tror på Jesus eller lyder Honom.

Jesus kom inte för att fördöma världen. Det är därför Han sade, "Om någon hör mina ord och inte håller dem, så dömer inte jag honom." Detta betyder att inte bara Jesus, utan också Gud, inte är snabb med att skälla på eller straffa någon som har gjort något fel.

I stället väntar Han tålmodigt och hjälper personen att förstå Hans vilja, och på så sätt lära känna Honom och söka Honom. Och för dem som älskar Honom kommer Han att möta dem och utgjuta sin nåd över dem. Han undervisar givetvis även om domen och straffet som följer på det; men Han leder oss till frälsningsvägen med glädje och tacksamhet i stället för med fruktan. Det är därför Jesus sade, "Jag har inte kommit för att döma världen utan för att frälsa världen."

Den slutgiltiga domen och evigt liv

"Den som förkastar mig och inte tar emot mina ord har en domare över sig: det ord som jag har talat ska döma honom på den yttersta dagen. Jag har inte talat av mig själv, utan Fadern som har sänt mig har befallt mig vad jag ska säga och tala. Och jag vet att hans befallning är evigt liv. Det jag talar, talar jag därför så som Fadern har sagt mig." (12:48-50)

2 Petrusbrevet 3:9 skriver, *"Herren förstår alltså att frälsa de gudfruktiga ur frestelsen och hålla de orättfärdiga i förvar under straff fram till domens dag."* Och i 1 Timoteusbrevet 2:4 står det, *"[Gud] som vill att alla människor ska bli frälsta och komma till insikt om sanningen."*

Så här leder Gud varenda människa till frälsningsvägen,

var och en i enlighet med dens mått av tro, så att ingen känner sig tyngd eller utbränd i processen. Ändå finns det så många människor som vänder sig bort från Honom och går på dödens väg, och det är mycket tragiskt. När det gällde detta sade Jesus, "Den som förkastar mig och inte tar emot mina ord har en domare över sig: det ord som jag har talat ska döma honom på den yttersta dagen."

Gud vill att alla ska ta emot frälsning och för att uppfylla Hans vilja undervisade Jesus i Guds Ord medan Han var här på jorden och genom det fullständiga offret fullbordade Han vägen till frälsning. Som det står skrivet i Romarbrevet 10:13, *"Var och en som åkallar Herrens namn ska bli frälst"* är dörren till frälsning öppen på vid gavel.

Men för de som inte tror på Herren väntar en allvarlig dom på den yttersta dagen. Gud har gjort sin eviga makt och gudomliga natur mycket tydlig i sin skapelse, så att ingen kan komma med en ursäkt inför domstolen (Romarbrevet 1:19-20). På den dagen kommer ingen kunna säga, "Jag fick aldrig höra om Gud. Jag vet inte vem Jesus Kristus är. Jag vet inte vad vägen till frälsning är."

Hebreerbrevet 9:27 säger, *"Och liksom människan måste dö en gång och sedan dömas"* Medan vi lever på den här jorden kommer Gud på många olika sätt att leda oss så att vi kan ta emot frälsning och bli lika Honom. Men vi måste komma ihåg att på den yttersta dagen väntar domen oss. Guds barn kommer ta emot evigt liv, och ta emot himmelska belöningar efter vilka handlingar vi har sått här på jorden. Men de som inte tror på Gud kommer till slut att hamna i helvetet och få det eviga straffet.

Jesus gjorde ingenting efter sin egen vilja. Han gjorde allt efter Guds vilja, och i Hans tid. Till och med varje ord Han uttalade, sade Han med ett tydligt syfte. Det är därför Han även nu frimodigt låter oss få veta att orden Han talade var Guds befallningar.

"Jag har inte talat av mig själv, utan Fadern som har sänt mig har befall mig vad jag ska säga och tala. Och jag vet att Hans befallning är evigt liv. Det jag talar, talar jag därför så som Fadern har sagt mig."

Anledningen till att Gud visade sin kraft genom alla de tecken och under som Jesus gjorde, och anledningen till att Han uppväckte Jesus tre dagar efter att Han dog på korset, var för att befria mänskligheten från synd och ge dem evigt liv. Jesus visste att det här var Gud Faderns vilja, och Han visste vad den var bättre än någon annan. Det var därför som Jesus lydde Honom helt och fullt, utan att göra ett enda litet misstag. Om vi på samma sätt lyder Gud i allt vi gör, kan vi också fullborda Hans vilja helt och hållet.

Kapitel 13

Den sista påskmåltiden

1. Jesus tvättar lärjungarnas fötter
(13:1-20)

2. "En av er ska förråda mig"
(13:21-30)

3. "Ett nytt bud ger jag er"
(13:31-38)

Jesus tvättar lärjungarnas fötter

Det händer ofta att vi blir berörda i våra hjärtan när vi hör en underbar kärlekshistoria där människor visar en uppoffrande kärlek för varandra. Då och då när vi hör en berättelse om föräldrar som offrat sina egna liv för sina barn, blir våra ögon fyllda av tårar. Men den här sortens kärlek kan inte ens börja jämföras med Guds kärlek till oss. Det står i Jesaja 49:15, *"Kan då en mor glömma sitt barn, så att hon inte förbarmar sig över sin livsfrukt? Och även om hon kunde glömma sitt barn, skall jag inte glömma dig."* Jesus som kom till den här världen med Guds hjärta visade samma kärlek till oss. Denna kärlek var den kärlek som gjorde att Han bar korset för mänsklighetens skull.

Jesu hjärta: Kärleken som älskar ända in i slutet

"Det var strax före påskhögtiden. Jesus visste att hans stund hade kommit, att han skulle lämna denna värld och gå till Fadern. Han hade älskat sina egna här i världen, och han älskade dem in i det sista. De åt kvällsmåltiden, och djävulen hade redan ingett Judas, Simon Iskariots son, tanken att förråda honom." (13:1-2)

När Skriften säger, "... att hans stund hade kommit, att han skulle lämna denna värld och gå till Fadern", betyder det att den stund hade kommit då Jesus skulle dö på korset. Men även fast Han visste att tiden för Hans lidande närmade sig, älskade Han sitt folk till slutet. In i det sista undervisade Jesus med sanningen – även Judas Iskariot som Jesus visste skulle förråda Honom.

Det här var efter att Judas Iskariot redan hade bestämt sig för att förråda Jesus. Lugn och beräknande umgicks han med de andra lärjungarna så naturligt som möjligt, för efter händelsen med Maria och oljan, hade han planerat att sälja sin mästare till översteprästerna och sökte nu efter det bästa tillfället. Efter att ha blivit en lärjunge gjorde de andra lärjungarna vad de kunde för att försöka förstå Jesu undervisning och följa Honom i Hans fotspår. Men Judas fortsatte att ge efter för sina tvivel och klagomål trots att Han fick se Guds kraft. Han inte bara vägrade att göra sig av med den ondska han hade i sitt hjärta, han fortsatte att samla på sig ondska med sina köttsliga tankar.

En del av de köttsliga tankarna är hat, avundsjuka,

svartsjuka, arrogans, dömande och fördömande. Alla köttsliga tankar är tankar som inte kommer från sanningen. När en persons hjärta är ont, kan han bara ha köttsliga tankar eftersom fienden Satan kontrollerar hans onda hjärta. Som det står i Romarbrevet 8:7, *"Köttets sinne är fiendskap mot Gud. Det underordnar sig inte Guds lag och kan det inte heller"* var Judas Iskariot fylld med köttsliga tankar och det slutade med att han begick en allvarlig synd som inte gick att tvätta bort.

Vad vi behöver vara vaksamma på är detta: den som är fylld med ondska i sitt hjärta kan komma under fienden Satans kontroll, precis som för Judas Iskariot. Om vi inte vill bli kontrollerade av fienden Satan behöver vi förvandla våra hjärtan så att det blir fyllt med sanning. Och med den Helige Andes hjälp behöver vi vaka över våra hjärtan med goda tankar, och tankar från sanningen. För att göra det behöver vi se till att vi alltid fröjdar oss, ber utan uppehåll och i allt är tacksamma. Fienden Satan kan inte krypa upp på de som lever så.

Den sista påskmåltiden

"Jesus visste att Fadern hade gett allt i hans händer, att han utgått från Gud och skulle gå till Gud." (13:3)

På torsdagseftermiddagen, dagen innan Han greps, förberedde Jesus sig för påskmåltiden då Han skulle kunna tillbringa sista kvällen tillsammans med lärjungarna. Förberedelserna för påsken är tydligare förklarat i Lukas kapitel 22 än i Johannes evangelium. Jesus kallade till sig Petrus och

Johannes och gav dem ett särskilt uppdrag: *"Gå och gör i ordning så att vi kan äta påskalammet"* (v. 8).

När lärjungarna frågade var de skulle förbereda måltiden förklarade Jesus för dem att de skulle gå in i staden och följa en man som bar på en vattenkruka in i ett hus och berätta för husets ägare vad Han hade sagt. Han förklarade till och med exakt hur ägaren skulle reagera. Petrus och Johannes gick direkt in i staden. Och se, där såg de en man som bar på en vattenkruka! Så de följde mannen till ett hus och talade med husets ägare. *"Mästaren frågar dig: Var är gästrummet där jag kan äta påskalammet med mina lärjungar?"* (v. 11).

Som om han hade väntat på Petrus och Johannes ledde ägaren dem till en stor sal på övre våningen. När påskmåltiden var förberedd tog Jesus de tolv lärjungarna och satte sig ner med dem i den övre salen. I det att Han såg på dem fylldes Hans hjärta med så mycket kärlek till dem, mer än någonsin förut. Han visste att Han måste lämna dem – för det var Guds vilja – innan kvällen var över, och så bedrövad Han måste ha känt sig när Han tänkte på lärjungarna som skulle lämnas kvar!

"Jesus visste att Fadern hade gett allt i Hans händer" handlar om det uppdrag som Gud hade gett Jesus. Det var uppdraget att frälsa hela mänskligheten. Under det Gamla testamentets tid måste den som hade syndat offra en ko, ett får, en get eller en duva för att bli förlåten av Gud. Det stod i lagen om offer som säger att utan att blod utgjuts ges ingen förlåtelse för synder (Hebreerbrevet 9:22). Det är också varför Jesus var tvungen att dö på korset och utgjuta sitt blod för att frälsa mänskligheten från deras synder. Skriften säger också att Jesus visste att "Han utgått från Gud och skulle gå till Gud", vilket betyder att Han visste att Hans blod snart skulle utgjutas på korset och Han skulle dö.

Jesus tvättar lärjungarnas fötter

"Han reste sig från bordet, lade av sig manteln och tog en linnehandduk som han knöt om sig. Sedan hällde han vatten i ett tvättfat och började tvätta lärjungarnas fötter och torka dem med handduken som han hade runt midjan." (13:4-5)

:: Jesus tvättar Petrus fötter (mosaik på utsidan av Petrus basilika)

Den natten, i den övre salen, reste Jesus sig från sin sista måltid och lade av sig sin mantel och tog en linnehandduk som Han knöt runt sin midja. Sedan hällde Han vatten i ett tvättfat och började tvätta lärjungarnas fötter medan de i tysthet såg på.

För judarna som bodde i ett område känt för sin ofruktsamma och dammiga mark, var det en sed att tvätta en gästs fötter; men det var något som vanligtvis gjordes av en tjänare. Men Jesus, som var deras Mästare, tvättade deras fötter, och så överraskade och generade lärjungarna måste ha blivit! De visste inte hur de skulle stoppa Honom, och förmodligen visste de inte vad de skulle göra i den stunden.

Anledningen till att Jesus tvättade lärjungarnas fötter var för att lära dem vilken inställning och vilket hjärta man behöver ha när man tar på sig det viktiga uppdraget att sprida evangeliet och vittna om Herrens uppståndelse. Jesus ville genom detta se till att de förstod och insåg Guds vilja och förstod Guds kärlek. Han ville att de skulle veta att de måste göra allt med ett uppoffrande hjärta där de betjänar andra, när de börjar sprida evangeliet.

Jesu samtal med Simon Petrus

> "När han kom till Simon Petrus, sade denne till honom: 'Herre, ska du tvätta mina fötter?' Jesus svarade: 'Vad jag gör förstår du inte nu, men längre fram kommer du att förstå det.' Petrus sade: 'Aldrig någonsin ska du tvätta mina fötter!' Jesus svarade: 'Om jag inte får tvätta dig har du ingen del i mig.'" (13:6-8)

När Jesus kom till Simon Petrus och försökte tvätta hans fötter, ifrågasatte han Honom på ett bryskt sätt, "Herre, ska du tvätta mina fötter?" Jesus svarade, "Vad jag gör förstår du inte nu, men längre fram kommer du att förstå det."

Petrus kände till kulturen och reglerna som gällde och han kände till, att det inte var rätt för en lärare att tvätta sin lärjunges fötter. Om Petrus hade litat på Jesus helt och hållet, skulle han förmodligen ha tänkt att det måste finnas en särskild anledning till varför Jesus gjorde så. Men eftersom det han såg inte stämde överens med hans egen kunskap och hans egna tankar, vägrade han låta Jesus tvätta hans fötter. Det var ett resultat av att Petrus fortfarande litade på sina köttsliga tankar. "Aldrig någonsin ska du tvätta mina fötter!"

Jesus visste att när lärjungarna skulle dela evangeliet med en tjänares inställning, skulle många människor få sann tro. Han visste också att det bara var när de blev tjänande apostlar som de skulle kunna bli stora i himlen. När Jesus ödmjukade sig själv och underordnade sig Guds vilja ända till döden, upphöjde Gud Honom över allt annat. Jesus tvättade lärjungarnas fötter för att ge dem denna andliga undervisning, men Petrus höll fast vid att hans egna tankar var mer korrekta. När Jesus såg att Petrus kom i vägen för Honom att uppfylla Guds vilja, fortsatte Han att säga till honom, "Om jag inte får tvätta dig har du ingen del i mig."

Fötterna kan anses vara de smutsigaste delarna på en människas kropp, särskilt på den tiden. Då hade man inte bra skor som vi har i dag. Man bar sandaler som snördes fast med läderband så fötterna var alltid sandiga och dammiga. Att tvätta smutsiga fötter symboliserade därför inte bara "Tjänandets modell" utan hade också en större innebörd för Jesus, "Att tvätta bort människans smutsiga synder."

Som det är skrivet i Skriften, *"För från hjärtat kommer onda tankar, mord, äktenskapsbrott, sexuell omoral, stöld, falskt vittnesbörd och hädelser. Sådant gör människan oren. Men att äta utan att tvätta händerna gör inte människan oren"* (Matteus 15:19-20), ville Jesus att lärjungarna skulle inse att de behövde göra sig av med alla sina synder och tvätta bort den. Vatten symboliserar Guds Ord. Bara när någon tvättar sina synder med Guds Ord kan han tjäna med sitt hjärta, och bara då kan han bli kallad Guds son.

Om någon hävdar att han tror på Gud men inte tvättar sig själv ren från synd, kan han inte möta Gud, och han har ingenting med Gud att göra. Jesus, som tvättade sina lärjungars fötter, ville att de skulle tvätta sina hjärtan rena från synd och bli sanna Guds barn.

> "Simon Petrus sade: 'Herre – inte bara mina fötter, utan också händerna och huvudet!' Jesus svarade: 'Den som har badat behöver sedan bara tvätta fötterna. Han är helt och hållet ren. Och ni är rena, fast inte alla.' Han visste vem som skulle förråda honom. Därför sade han att inte alla var rena." (13:9-11)

När Petrus hörde att han inte skulle ha någon del i Jesus om Han inte fick tvätta hans fötter svarade han kvickt, "Herre – inte bara min fötter, utan också händerna och huvudet."

För en liten stund sedan hade Petrus sagt till Jesus att Han aldrig skulle få tvätta hans fötter, men nu bad han Jesus tvätta inte bara hans fötter utan även hans händer och huvud. Än en gång kan vi se Petrus ärlighet – han dolde aldrig vad som fanns i sitt hjärta – och hans utåtriktade personlighet – att alltid vilja vara i händelsernas centrum. Den här personligheten gjorde att Petrus fick en del tillrättavisning, men till och med då såg Jesus Petrus potential att förändras och lärde honom ytterligare något. "Den som har badat behöver sedan bara tvätta fötterna."

När Jesus talade om "Den som har badat" talar Han om, "Den som redan har tro." Det handlar om någon som redan har blivit en troende genom att höra Guds ord och se tecken och under. Så när en troende behöver få sina fötter tvättade betyder det att ända fram till att han får fullkomlig tro behöver han alltid granska sig själv och meditera på Guds Ord och bli förvandlad till en sanningsenlig person. Om vi hävdar att vi har tro och älskar Gud, och ändå inte gör oss av med ondskan från våra hjärtan, är orden intetsägande. Vi kan inte dela nåden med andra; inte heller kan vi leda andra till sanningens väg om vi har ondska. Därför är det viktigt att göra sig av med all ondska från våra hjärtan och bli förvandlade genom Guds Ord.

Men om lärjungarna på den tiden ännu inte var där att de inte hade gjort sig av med alla sina synder, varför sade då Jesus "Ni är rena"? När Jesus sade att de var rena menade de att de var andligt vakna. Närhelst de lyssnade på Guds Ord försökte de förstå den andliga innebörden i Hans Ord, och de lade manken till att granska sig själva och ha fullkomlig, hel tro.

Sådana människor blir erkända som rena, även om de inte har gjort sig av med sina synder helt och hållet, eftersom de gör sitt bästa i att bli hela, med tro. Men en person, Judas Iskariot, var inte sådan. Han trodde inte att någon kände till att han hade träffat översteprästerna, men Jesus visste det redan. Som mörker blir avslöjat i ljusets närvaro visste Jesus till och med vad som fanns i Judas hjärta. Och för att hjälpa honom att komma till insikt sade Han, Ni är rena, fast inte alla. Jesus ville ge Judas en sista chans att ändra sig.

En lärdom om kärlek och ödmjukhet

> "När han sedan hade tvättat deras fötter och tagit på sig manteln och lagt sig till bords igen, sade han till dem: 'Förstår ni vad jag har gjort med er? Ni kallar mig Mästare och Herre och det med rätta, för det är jag. Om nu jag, er Herre och Mästare, har tvättat era fötter, så är också ni skyldiga att tvätta varandras fötter.'" (13:12-14)

Efter att Jesus hade tvättat deras fötter tog Han på sig manteln och lade sig till bords igen. Han såg runt på lärjungarna. "Förstår ni vad jag har gjort med er?" Han tillade, "... är också ni skyldiga att tvätta varandras fötter."

Jesus ville att lärjungarna Han lämnade kvar i den här världen och de som skulle sprida evangeliet skulle bevara den underbara gemenskapen med varandra genom att betjäna, älska och trösta varandra, även fast Han själv måste gå. Men budskapet gällde inte bara lärjungarna. Alla människor som tror på Gud är bröder och systrar i Kristi familj; därför måste vi uppbygga varandra och leda varandra i kärlek.

I 2 Petrusbrevet 1:7 står det att vi *"i gudsfruktan [visa] syskonkärlek och i syskonkärleken kärlek till alla människor."* Och i Romarbrevet 12:10 står det, *"Var innerligt tillgivna varandra i syskonkärlek. Överträffa varandra i ömsesidig aktning."*

Men Jesus sade inte bara, "Älska och tjäna varandra." Han sade, "Om nu jag, er Herre och Mästare, har tvättat era fötter, så är också ni skyldiga att tvätta varandras fötter."

Det betyder att den som är huvudet, den som står i en undervisande position, måste tjäna, ge och offra först innan han kan leda andra till sanningen. Troende på Herren som löper före i tron måste sträva efter att vara förebilder som Jesus genom offer och tjänande. Och för att uppfylla vår kallelse väl måste vi bekänna från vårt hjärtas centrum att vi är vad vi är på grund av Guds nåd, och vi måste sätta andra högre än oss själva.

Liknelsen om slaven och herren

"Jag har gett er ett exempel för att ni ska göra som jag har gjort mot er. Jag säger er sanningen: Tjänaren är inte större än sin herre, och budbäraren är inte större än den som har sänt honom. När ni vet detta, saliga är ni om ni också gör det." (13:15-17)

Om någon lever ett orättfärdigt liv och lär någon annan att leva ett rättfärdigt liv, kommer hans undervisning verkligen vara effektiv? Det är det samma med sanningen. Om vi inte lever i enlighet med Guds ord, och försöker undervisa andra människor, kommer vi aldrig att förvandla dem. Om vi å andra sidan lever i enlighet med sanningen och lär andra att göra samma sak, då backar Gud upp våra ord; därför kommer de människor vi undervisar genomgå en förändring.

Titus 2:7-8 säger, *"och var själv ett föredöme i goda gärningar. Din undervisning ska förmedla oförfalskad sanning och värdighet. Den ska vara sund och oklanderlig, så att din motståndare måste skämmas när han inte har något ont att säga om oss."* Fienden djävulen och Satan kan inte störa någon som lever ett föredömligt liv hela tiden genom goda gärningar. De är framgångsrika i allt de gör och deras livsvandring är rak. Eftersom det är så viktigt att vara ett gott exempel i det man gör, tvättade Jesus sina lärjungars fötter och visade dem hur man är när man tjänar.

Genom att använda bilden av "herren och slaven" lär Jesus ut relationen mellan Gud och Jesus. "Herren" och "den som har sänt honom" är Gud, och "tjänaren" och "budbäraren" är Jesus. Filipperbrevet 2:7 kallar Jesus för tjänare som blev människan lik, och i Johannes 17:18 säger Jesus att Gud sände Honom till denna värld.

I allt Jesus gjorde erkände Han hela tiden Gud; och Han visste precis vad som fanns i Guds hjärta och vad Hans vilja var när det gällde att fullborda vägen till frälsning för mänskligheten genom Honom (Johannes 3:16; Lukas 5:32). För att kunna uppfylla Guds vilja lydde Jesus helt enkelt ända fram till korsfästelsen (Filipperbrevet 2:8). Även fast Han var Guds Son var allt det här inte en lättavklarad sak. Jesus var alltid tvungen att be för att verkligen kunde förstå vad Guds vilja var och hur Han skulle kunna bära ordentlig frukt i enlighet med Hans vilja. Och det faktum att Han uppnådde allt i enlighet med Guds vilja, ger oss den fullkomliga förebilden att se upp till.

Denne Jesus, som visade kärlek och ödmjukhet genom sina handlingar, påminde sina lärjungar, "Jag säger er sanningen: Tjänaren är inte större än sin herre, och budbäraren är inte större än den som har sänt honom. När ni vet detta, saliga är ni om ni också gör det." Vad Jesus menade här är att Guds välsignelser kommer över dem som alltid fruktar Gud som är alla själars herre. Och Guds välsignelse kommer vara med dem som alltid söker Guds vilja och försöker handla i enlighet med den, var de än är.

Profetian om Judas Iskariots förräderi

> "Jag talar inte om er alla. Jag vet vilka jag har utvalt. Men Skriften ska fullbordas: Den som åt mitt bröd lyfte sin häl mot mig. Jag säger det till er nu innan det sker, för att ni när det skett ska tro att Jag Är." (13:18-19)

Oavsett hur mycket en förälder lär sitt barn att gå den bästa vägen kan barnet inte gå den vägen om barnet inte har en egen vilja. Det är ungefär så med Jesu undervisning om vägen till välsignelse. Men Judas Iskariot förrådde ändå Jesus till slut. Det profeterades faktiskt om den händelsen för väldigt länge sedan. Jesus citerar Psaltaren 41:10 där det står, *"Även min vän som*

jag litade på, han som åt mitt bröd, lyfter sin häl mot mig."
Genom att säga det berättade Jesus för lärjungarna att en av dem skulle förråda Honom.

"Den som åt mitt bröd" handlar om den som alltid är i närheten av Jesus, och som lär sig Guds Ord, vilket är livets bröd. Och när Jesus använde frasen "lyfter sin häl mot mig" betyder det att någon som vandrade i samma riktning som Honom ändrade sig och gick bort från Jesus och är nu på väg åt ett annat håll. Han talade om Judas Iskariot, den som skulle förråda Honom och sälja Honom till judarna. Det fanns en anledning till att Jesus berättade det här för lärjungarna innan det skedde, "för att ni när det skett ska tro att Jag Är." Jesus ville varna lärjungarna så att de inte bli chockerade eller rädda när Han greps, utan snarare inse, "Åh, Guds vilja blir uppnådd" och förbereda sig för vad som skulle komma.

Jesus som är ett med Gud

"Jag säger er sanningen: Den som tar emot någon som jag sänder tar emot mig, och den som tar emot mig tar emot honom som har sänt mig." (13:20)

Att acceptera Jesus som Gud har sänt, är det samma som att acceptera Gud, och att acceptera den som Jesus har sänt, är detsamma som att acceptera Jesus. Det faktum att det Jesus talade om hände exakt på det sätt Han hade sagt är bevis på att vi kan sätta vår förtröstan på Hans Ord. Det var bevis på att Jesus är Guds Son, och att Han är ett med Gud.

För att kunna förstå Guds försyn med att sända sin Enfödde Son Jesus till denna värld för att öppna frälsningsvägen, behöver vi först acceptera Jesus. Om vi inte accepterar Jesus som Kristus kan vi inte förstå Guds försyn med att rädda mänskligheten. 1 Johannes brev 5:12 säger, *"Den som har Sonen har livet. Den som inte har Guds Son har inte livet."* Det visar att relationen mellan Gud och Jesus är som mellan Fadern och Sonen.

Relationen gäller även dem som accepterar Jesus. I Markus 16:20 står det, *"Och de gick ut och predikade överallt, och Herren verkade tillsammans med dem och bekräftade ordet genom de tecken som åtföljde det."* Jesus var faktiskt med lärjungarna i anden. Därför kan man säga att det är samma sak som att ta emot Herren som att tro på lärjungarnas ord.

"En av er ska förråda mig"

Efter att Jesus tvättat lärjungarnas fötter undervisade Han dem om kärlek och ödmjukhet, och profeterade sedan om Judas förräderi. Det finns ett gammalt koreanskt ordspråk som säger att när någon biter av alla tio fingrar, finns det inte ett finger som inte gör ont. När Jesus på samma sätt visste att en av Hans lärjungar som hade varit med Honom så länge, skulle förråda Honom, hur tror du att Jesus kände det? Så smärtsamt det måste ha varit för Honom!

"En av er ska förråda mig"

"När Jesus hade sagt detta, skakades han i sin ande och vittnade: 'Jag säger er sanningen: En av er ska förråda mig.' Lärjungarna såg på varandra och undrade osäkert vem han kunde mena. En av hans lärjungar, den som Jesus älskade, låg till bords vid Jesu sida. Simon Petrus gav tecken till honom att fråga vem han talade om." (13:21-24)

Det var med stora svårigheter Jesus uttalade dessa ord. Hela tiden hade Han vetat att en av Hans lärjungar skulle sälja Honom till judarna, men det här var första gången Han talade om det. Under en stund skruvade alla på sig obekvämt. Ingen hade förväntat sig att få höra det som Jesus sade, så de blev alla lite förvirrade. Mycket snart gick lärjungarna från att ha varit obekväma till att bli nyfikna. "Vem kunde Han prata om?" "Vem skulle kunna göra något så ont?" Sedan började de snegla på varandra med granskade blickar.

De blev alla lite oroliga och tänkte, *"Det är väl inte jag?"* (Markus 14:19). Petrus kunde inte hålla sig längre och bad lärjungen som låg vid Jesu sida att han skulle fråga Jesus vilken lärjunge Han talade om. Men Skriften nämner inte namnet på lärjungen som lutade sig mot Jesus – det står endast att han var "lärjungen som Jesus älskade." Denna lärjunge var i själva verket aposteln Johannes, författaren till Johannes evangelium.

Johannes avslöjar inte sitt namn i sin bok. I stället tyckte han om att använda frasen, "Lärjungen som Jesus älskade" när han talade om sig själv (Johannes 21:20). Han var son till Sebedeus och bror till Jakob. Människor uttrycker kärlek på olika sätt beroende på deras personlighet. Som den yngste sonen i familjen följde Johannes Jesus med den allra största beundran och kärleken.

Men vilken betydelse har det att en av de lärjungar som hade tjänat och följt Jesus på så nära håll, slutade med att förråda Honom? Vad vi kan lära oss här är att det inte spelar någon roll hur tillrättalagd och underbar miljön för att växa i tro är, om vi inte gör oss av med ondska från våra hjärtan kommer vi sluta på ett fruktansvärt sätt.

När Jesus öppnade ögonen på de blinda, botade de sjuka och gjorde så att de förlamade kunde gå, var Judas Iskariot precis bredvid Honom, han såg allt som skedde. Judas borde ha kunnat tro att Jesus var en sanningsenlig person, och att Gud var med Honom. I stället för att få tro stal Judas pengar; och drömde om att få stor makt en dag, och lät sin själviska ambition driva honom. Och eftersom han inte gjorde sig av med ondskan från sitt hjärta, slutade han med att begå en synd som inte gick att ta tillbaka.

Det vi behöver lära oss från det här är: de som tar emot mycket speciell nåd och kärlek från Gud – som lärjungarna – behöver vara ännu mer på sin vakt och hela tiden granska sig själva ordentligt. Sanningen säger till oss att "tjäna", så vi behöver kontrollera att vi "tjänar" eller om vi "vill bli tjänade." Ordet säger till oss att "söka andras bästa", och då behöver vi granska oss själva och se om vi verkligen hela tiden söker andras bästa före vårt eget.

"Herre, vem är det?"

"Den lärjungen lutade sig då mot Jesu bröst och sade: 'Herre, vem är det?' Jesus svarade: 'Det är han som får brödet som jag doppar.' Han doppade sin brödbit och gav den till Judas, Simon Iskariots son. När Judas hade tagit brödet for Satan in i honom, och Jesus sade till honom: 'Det du gör, gör det snart!'" (13:25-27)

Johannes var också nyfiken. Så när Petrus gav tecken till honom att fråga Herren frågade han, "Herre, vem är det?" Jesus sade, "Det är han som får brödet som jag doppar."
Jesus doppade en brödbit och gav den till Judas. Utan ett ord tog Judas emot brödet från Läraren. När Jesus såg på Judas speglade Hans ögon många känslor. Hans ögon var fyllda med sorg och förtvivlan, och kärlek. Jesus kunde inte släppa taget om honom, men Han visste att Judas aldrig skulle vända om från sina vägar.

Så varför avslöjade Jesus vem som skulle förråda Honom genom att doppa brödbiten och sedan ge den till Judas? Även i det sista ögonblicket ville Jesus ge Judas en chans att omvända sig och vända sig bort från sina vägar. Samma scen utspelar sig i Matteus 26:23-24; *"Han svarade: 'Den som doppade handen i skålen tillsammans med mig, han ska förråda mig. Människosonen går bort som det står skrivet om honom, men ve den människa genom vilken Människosonen blir förrådd! Det hade varit bättre för den människan att aldrig ha blivit född.'"*
Med ett hugg i hjärtat frågade Judas, "Rabbi, det är väl inte jag?" Och Jesus svarade honom, "Du har själv sagt det." Vid det här laget borde Judas ha förstått att Jesus visste vad han planerade att göra. Men ändå var han falsk och ändrade inte sin

inställning.

En annan anledning till att Jesus doppade brödbiten och räckte över den till Judas var för de andra lärjungarna att få veta. Jesus ville få dem att inse, efter Hans uppståndelse och uppstigning till himlen, när de började tänka igenom allt som hade hänt, att dörren till frälsning skulle öppnas, och Jesus inte stoppade Judas trots att Han kände till allt. Det var också därför lärjungarna med starkare övertygelse kunde ropa och proklamera att Jesus är Kristus.

När Jesus räckte över brödbiten till Judas och gav honom tillåtelse for Satan in i honom. På ytan hade Judas sålt sin lärare, men i verkligheten stod han under Satans kontroll. Det är därför Skriften säger att Satan for in i honom. För att kunna döda Jesus, som kom som Frälsaren, hade fienden djävulen och Satan utvalt den onde Judas Iskariot för att göra hans verk.

Här skiljer sig djävulens verk från Satans verk. Satan är som radiovågor som kontrollerar sinnen och får en att tänka onda tankar, och djävulen är den som pressar människan så att onda tankar kommer ut i handling. Satan hällde in tankar på att sälja sin egen lärare i Judas Iskariot. Problemet här var att Judas accepterade denna tanke, i stället för att kämpa mot den, eftersom han var ond. Och genom att gå längre än att bara tänka på att sälja Jesus, började han tänka ut en plan. Det är djävulens verk.

Det är därför Jesus sade, *"Jesus svarade dem: 'Har jag inte själv valt ut er tolv? Ändå är en av er en djävul'"* (Johannes 6:70). Så en ond person kommer att bli kontrollerad av onda andar. Därför behöver vi be brinnande och bli fyllda av den

Helige Ande och inte låta Satan röra vid våra tankar. Efter ett tag sade Jesus till Judas, "Det du gör, gör det snart."

Lärjungarna förstod inte Jesu Ord

"Men ingen av dem som låg till bords förstod varför han sade så till honom. Judas hade hand om kassan, och därför trodde några att Jesus sade åt honom att köpa något som de behövde till högtiden eller ge något till de fattiga. När han hade tagit brödet gick han genast ut. Det var natt." (13:28-30)

De andra lärjungarna kunde inte veta vad som hade sagts mellan Jesus och Judas Iskariot. De antog att Judas Iskariot gick tidigare utan att säga något för att köpa något de behövde för festen, eller för att hjälpa de fattiga. Det var ju han som hade ansvar för pengarna.

På lärjungarnas fråga om vem som skulle sälja läraren svarade Jesus inte direkt. I stället svarade Han med sina handlingar. Men ingen förstod. Det var för att det faktum att Jesus skulle bli såld genom en syndares hand och dö på korset för att uppfylla frälsningsplanen var en hemlighet som hade varit dold sedan före tidernas begynnelse. Gud såg till att ingen förstod det förrän planen var helt och hållet genomförd.

Lukas 18:34 säger, *"Men lärjungarna förstod ingenting av detta. Det var fördolt för dem, och de fattade inte vad han menade."* Det är därför att Jesus kunde dra fram Judas i ljuset och tala om honom. Oavsett hur listig fienden djävulen kan vara, och oavsett hur hårt han försökte göra sig av med Jesus, stod Guds vilja fast till slutet. Och det faktum att Jesus skulle uppträda igen genom härligheten i uppståndelsen, var en sanning som inte skulle förändras.

Orolig över att hans plan hade avslöjats reste sig Judas Iskariot sakta och smög ut. Där ute hade det blivit mörkt för länge sedan, och den kyliga nattluften slingrade sig runt Judas hjärta.

"Ett nytt bud ger jag er"

De oerhört tunga kraven i situationen till trots var Jesus snarare sansad. Eftersom Judas Iskariot hade gått iväg för att göra vad han hade planerat, var gripandet av Jesus bara en tidsfråga. Om en liten stund skulle Jesus lämnas över till de människor som sökte efter att döda Honom, och Han skulle få lida. Men vad tror du Jesus tänkte just innan allt detta?

Jesus såg härligheten

"När Judas hade gått sade Jesus: 'Nu är Människosonen förhärligad, och Gud är förhärligad i honom. Och om Gud är förhärligad i honom ska Gud också förhärliga honom i sig själv, och han ska förhärliga honom snart.'" (13:31-32)

Jesus visste, och så bekände Han, att Han genom att bli såld in i de ondas händer och att dö på korset, skulle uppfylla Guds plan. Han visste att efter att Han dött på korset för mänsklighetens synder och uppstått, skulle vägen till frälsning öppnas, och då skulle sanna barn till Gud kunna fås, som känner Guds hjärta.

Det är vad Gud har väntat på under hela den här tiden för – varje dag är som ett tusen år, och ett tusen år känns som en dag. Och nu, genom Jesus, skulle alla dessa planer bli fullbordade. Därför är det bara rätt att Gud skulle bli förhärligad. Så när Judas Iskariot gick ut för att sälja Jesus, var det så gott som färdigt. Det var därför Jesus sade att Människosonen redan blivit förhärligad.

Så vilken slags härlighet fick Jesus? Om någon i den här världen uppnår något för första gången, anses det vara en ära och heder. Jesus blev uppståndelsens förstlingsfrukt. Jesus gav sitt liv för att förgöra den klyfta som hade uppstått mellan Gud och människan, på grund av människans synd. Och genom att göra så förde Han frid in i relationen mellan de två på nytt. Och eftersom Han inte hade någon synd förgjorde Han dödens makt och uppstod från det döda och blev förstlingsfrukt bland de som insomnat (1 Korintierbrevet 15:20).

Och Han blev den härlighetsfulle Frälsaren som skulle leda många själar från helvetet till himlen, från döden till evigt liv. Gud gjorde Jesus Kristus till den ende dörren till frälsningen (Apostlagärningarna 4:12). Därför kommer Jesus ta emot ära och tacksamhet – nu och för evigt – från alla Guds barn som har fått frälsning genom Honom. Så hur stor är inte den härligheten?

Jesus ger ett nytt bud

"Mina barn, ännu en kort tid är jag hos er. Ni kommer att söka mig, och som jag sade till judarna säger jag nu till er: Dit jag går kan ni inte komma. Ett nytt bud ger jag er: att ni ska älska varandra. Så som jag har älskat er ska också ni älska varandra. Om ni har kärlek till varandra ska alla förstå att ni är mina lärjungar." (13:33-35)

Jesus hade tidigare sagt till judarna, *"dit där jag är kan ni inte komma"* (Johannes 7:34). Det beror på att Jesus skulle få en ny, andlig kropp och uppstiga till himlen efter att ha dött på korset och uppstått. Givetvis skulle Han vara med lärjungarna i anden och bekräfta ordet genom tecken och under, men Han skulle inte vara med dem i köttet. Efter att Jesus uppstått och uppstigit till himlen skulle Han inte kunna hittas eller ses i den här världen. Men det finns ett sätt som man kan vara ett med Herren. Det är genom att älska andra, som Han älskar oss.

Anledningen till att Gud sände Jesus till denna värld var för att Han älskade människorna trots att de hade blivit syndare. Genom sina handlingar lärde Jesus också människorna om Guds kärlek. Vi måste lära känna denna kärlek och se till att denna kärlek förblir i oss (Efesierbrevet 5:1-2).

Ju mer av Guds kärlek – den kärlek som väntade så länge, så

tålmodigt, för att vinna sanna barn – vi har i oss, desto fler själar kan vi leda till frälsning. Att vara vänlig och inte bufflig, att inte söka vårt eget bästa osv, är frukter från den andliga kärleken. Ju fler av dessa frukter vi bär, desto mer fullkomligt kommer vi kunna uppnå Guds verk. Troende som lever så här är de som Gud bekräftar som "mina sanna barn" och Jesus kallar dem "mina sanna lärjungar."

"Du kommer att förneka mig tre gånger"

"Simon Petrus sade till honom: 'Herre, vart går du?' Jesus svarade: 'Dit jag går kan du inte följa mig nu. Men längre fram ska du få följa mig.' Petrus frågade: 'Herre, varför kan jag inte följa dig nu? Jag ska ge mitt liv för dig.' Jesus svarade: 'Ska du ge ditt liv för mig? Jag säger dig sanningen: Tuppen kommer inte att gala förrän du har förnekat mig tre gånger.'" (13:36-38)

När Jesus talade om att dö på korset, uppstå och uppstiga till himlen blev Petrus fylld av oro och sade, "Herre, vart går du?" "Dit jag går kan du inte följa mig nu. Men längre fram ska du få följa mig" svarade Jesus.

Under en period på tre år – det var inte en kort tid – hade Petrus alltid varit med Jesus. När Jesus gick upp på Förklaringsberget och när Han uppväckte synagogsföreståndaren Jairus dotter från döden hade Petrus varit med Honom. Han kunde bara inte förstå varför inte ens han, av alla människor, inte kunde följa med Jesus. "Herre,

varför kan jag inte följa dig nu? Jag ska ge mitt liv för dig."
Petrus var full av självförtroende. Men Jesus skakade på huvudet och sade, "Tuppen kommer inte att gala förrän du har förnekat mig tre gånger."

Petrus ville uttrycka sin starka vilja att inte lämna eller förneka Jesus och sade ännu ivrigare, "'Även om jag måste dö med dig kommer jag aldrig att förneka dig!' Samma sak sade alla de andra också" (Markus 14:31). Men vad var det som egentligen hände? Så snart Jesus blev arresterad förnekade Petrus att han kände Jesus tre gånger och resten av lärjungarna skingrades och sprang iväg.

Oavsett hur mycket vi bekänner med tro känner vi människor inte ens våra egna hjärtan och bekännelsen blir värdelös om inte Gud bekräftar den.

Kapitel 14

Jesus, Vägen, Sanningen och Livet

1. Jesus tröstar lärjungarna
(14:1-15)

2. Löftet om Hjälparen, den Helige Ande
(14:16-31)

Jesus tröstar lärjungarna

Vid den här tiden var Jerusalem fyllt av rådvillhet. Under det offentliga mötet hade de judiska ledarna deklarerat att den som trodde på Jesus skulle uteslutas ur synagogan, och översteprästerna och fariséerna sökte efter att gripa Jesus närhelst möjlighet gavs. Jesus talade också som om Han var på väg någonstans. Jesus hade dessutom sagt att en av lärjungarna skulle förråda Honom. Lärjungarnas hjärtan måste ha varit betungade.

"Tro på Gud och tro på mig."

"Låt inte era hjärtan oroas. Tro på Gud och tro på mig. I min Fars hus finns många rum. Om det inte vore så, skulle jag då ha sagt er att jag går bort för att bereda plats för er? Och om jag nu går bort och bereder plats för er, så ska jag komma tillbaka och hämta er till mig, för att ni ska vara där jag är." (14:1-3)

Jesus gav ett hoppets budskap till lärjungarna som var fyllda med oro. "Låt inte era hjärtan oroas. Tro på Gud och tro på mig."

De otroliga tecknen och undren som Jesus hade gjort var tillräckliga bevis för att Gud var med Honom. Om de verkligen trodde på Jesus, som Gud var med, varför skulle de då behöva oroa sig? Även om de ändå fick se Jesus dö på korset skulle de inte vara oroliga. Jesus ville att Hans lärjungar skulle ha tron att överlämna allt till Guds vilja tills de såg uppståndelsens härlighet. Därför berättade Han en hemlighet för dem. Han talade om den eviga boplatsen i himlen.

"I min Fars hus finns många rum." Dessa ord speglar Jesu hjärta, som vill att alla människor ska ta emot frälsning. Han sade inte "Det finns många boplatser i himlen" utan "I min Fars hus finns många rum." Dessa ord speglar också Jesu kärlek. Gud vill inte att många människor ska komma in i Hans rike bara för att Han ska kunna regera över dem som Kung; Han vill ha många sanna barn med vilka Han kan ge kärlek till och ta emot kärlek från, och leva med för evigt. Det var därför Jesus använde orden; "Min Fars hus."

Eftersom himlen är oändligt stor kan alla som förblir i Guds kärlek komma in dit. Oavsett ras, kön, ålder eller social status kan alla som tror på Jesus som sin Frälsare och lever i enlighet med Guds Ord komma in. När Jesus sade, "Om jag nu går bort och bereder plats för er," menade Han att om ett litet tag skulle Han offras som ett fredsoffer för att förgöra syndens mur som stod emellan Gud och människan (1 Johannes brev 2:2). Därför kommer var och en som tror på Jesus Kristus att få förlåtelse för sina synder, ta emot frälsning och senare komma in i det underbara Guds rike. Det var det Jesus menade när Han tog på sig korset och sade att Han skulle gå för att förbereda plats för oss.

När tiden kommer, när den mänskliga kultiveringen är färdig, kommer Jesus tillbaka och hämtar oss. Boplatserna i himlen är också färdiga då. Det beror på att boplatserna och belöningarna som var och en tar emot i himlen är gjorda utifrån hur han eller hon har levt i den här världen. Därför måste kultiveringen av mänskligheten fullbordas för att alla dessa beslut ska kunna fattas i himlen.

Om någon t ex har fått uppleva Guds nåd vid ett tillfälle i sitt liv och tjänat Gud trofast och samlat på sig många belöningar i himlen, men efter ett tag går tillbaka till den sekulära världen och förlorar sin frälsning, kommer allt han har tjänat in i himlen gå tillbaka till ingenting. Men om vi bevarar tron och strävar till slutet för att leva för Guds härlighet, kommer Gud att komma ihåg allt det och ge oss belöningar. Vi kommer dessutom kunna bo med Gud för evigt i himlen. Det var därför Jesus sade, "För att ni ska vara där jag är." Även om någon blir frälst kommer hans belöningar att reduceras efter hur mycket han har syndat eller dragit ner Guds namn.

"Jag är Vägen, Sanningen och Livet."

"'Och vart jag går, det vet ni. Den vägen känner ni.' Tomas sade: 'Herre, vi vet inte vart du går. Hur kan vi då känna vägen?' Jesus sade till honom: 'Jag är vägen, sanningen och livet. Ingen kommer till Fadern utom genom mig.'" (14:4-6)

Jesus visste exakt vart Han behövde gå. "Vart jag går" handlar om himlen, där Gud är, och "vägen" är vägen som Jesus tog: från att komma in i den här världen som Guds Son, att fullfölja Guds vilja och till slut återvända till himlen. Lärjungarna visste bättre än någon annan vilken väg Jesus tog. De hörde och såg på väldigt nära håll vad Jesus sade och hur Han uppförde sig och därför visste de. Det var därför Jesus sade till dem, "Den vägen känner ni."

Det Jesus sade här betyder också att inte bara lärjungarna utan alla människor som tror på Jesus behöver ta den här vägen, vägen som Jesus tog. För att kunna gå denna väg måste vi vara rena. Vi måste göra oss av med ondskan i våra hjärtan och bli rena. Ju mer vi uppnår Guds helighet, desto mer kan vi förstå Hans hjärta och vilja, och följa den viljan. Eftersom Jesus inte hade någon synd var Han ett med Gud, och Han kunde följa Hans vilja.

För att kunna gå den "vägen" måste vi också bli Herrens vittnen till jordens yttersta gräns. Precis som Jesus kom till den här världen för att rädda syndare, måste vi uthålligt sprida evangeliet och leda många människor till frälsning. När Jesus sade att lärjungarna visste vart Han gick såg Tomas fundersam ut.

"Herre, vi vet inte vart du går. Hur kan vi då känna vägen?" För inte så länge sedan, när Jesus sade att de skulle gå till Lasarus som hade dött, förstod inte Tomas vad Jesus hade menat och hade sagt, "Låt oss gå och dö med Herren." Eftersom Tomas hade många köttsliga tankar var det svårt för honom att förstå Jesu ord. Men de andra lärjungarna var likadana. Atmosfären var tryckt och med så mycket i deras tankar kunde inte de heller förstå, men de vågade inte fråga. De var förmodligen glada över att Tomas ställde den här frågan åt dem. Till dessa lärjungar sade Jesus därför klart och tydligt: "Jag är vägen, sanningen och livet. Ingen kommer till Fadern utom genom mig."

Vad menar Jesus när Han säger "vägen"? För att kunna nå en viss destination måste vi gå en viss väg för att nå dit. Den enda vägen för ett Guds barn att komma till himlen är genom Jesus Kristus. Som det står skrivet, *"Hos ingen annan finns frälsningen, och under himlen finns inget annat namn som människor fått genom vilket vi blir frälsta"* (Apostlagärningarna 4:12), är Jesus vägen till himlen, vägen till frälsning och evigt liv.

Varför sade då Jesus "Jag är sanningen"? Precis som trafikljus och vägskyltar låter oss nå vår destination på ett tryggt sätt, det finns något som tryggt låter oss nå himlen. Och det är "sanningen." Vi behöver följa sanningen – vilket är Guds Ord – för att nå vår destination som är himlen. Jesus var Ordet som blev kött och kom in i den här världen. Och eftersom Han uppfyllde Lagen med kärlek, kallade Han sig för "sanningen."

Och Jesus sade också, "Jag är livet" för när vi tror på Jesus, som dog på korset för att ta straffet å syndarnas vägnar – de vars själar är döda på grund av synden – får vi evigt liv (1 Johannes brev 5:12). När vi tror på Jesus Kristus får vi nytt liv och när vi lever i enlighet med Hans Ord kan vi nå himlen, vårt hem.

"Herre, visa oss Fadern."

"'Har ni lärt känna mig, ska ni också lära känna min Far. Nu känner ni honom och har sett honom.' Filippus sade: 'Herre, visa oss Fadern så räcker det för oss.' Jesus svarade: 'Så länge har jag varit hos er, och du har inte lärt känna mig, Filippus. Den som har sett mig har sett Fadern. Hur kan du säga: Visa oss Fadern?'" (14:7-9)

Det finns ett gammalt ordspråk att om du ser på ett barn kan du veta vems hans föräldrar är. När du ser en son som ser ut som sin far, känns det som om du ser på hans far. Det blir tydligare ju mer du ser sonen tala, gå, och uppföra sig som hans far gör. På vilket sätt visade Jesus som Guds Son vem Gud är och undervisade om Honom?

Genom att predika evangeliet om himlen visade Han oss vem Gud är och hur vi borde leva. Han lärde oss om Guds sanna vilja i enlighet med lagen; men Han slutade inte där. Genom sina handlingar lät Han oss få känna Guds kärlek.

Och utan att tveka sträckte Jesus sig ut till de som var utstötta av samhället. Han drog upp de själar som höll på att drunkna i den djupa dammen av synd och sjukdom. Inte ens de spetälska vars hud höll på att förruttna och som varade såg Jesus som orena. Antingen befallde Han med sina ord, eller så lade Han till och med sina händer på dem och botade dem. Varje gång Jesus botade de sjuka och svaga gjorde Han det med mycket kärlek; därför kände människorna Jesu varma kärlek tränga in i deras hjärtan.

När Jesus talade om Gud kunde människorna därför få tro på det faktum att Gud är en kärleksfull Gud, full av medlidande och nåd. Genom deras möte med Jesus kändes det som att de hade mött och sett Gud. Jesus sade, "Nu känner ni honom och har sett honom." Även nu kan vi känna Gud genom Jesu liv och undervisning.

Anledningen till att Jesus använde ordet "Nu" var för att man vid detta tillfälle inte kunde påstå att lärjungarna verkligen kände Gud. Eftersom de inte ännu hade sett Jesu avrättning på korset och Hans uppståndelsen hade de ännu inte fullkomlig tro. För att bekräfta det skyndade Filippus sig att säga, "Herre, visa oss Fadern."

Filippus var som Petrus också från staden Betsaida, och han var en väldigt logisk och praktisk man. Även när Jesus mättade tusentals människor med bara två fiskar och fem bröd kunde han snabbt räkna ut hur mycket mat de behövde, och hur mycket pengar som behövdes för att köpa det. När han nu fick höra att om man såg Jesus var det detsamma som att se Gud kunde han inte förstå det. Människor som är sådana, som försöker förstå allt utifrån deras egen standard och tankar tycker att det är svårt att förstå de andliga innebörden, och därför har de också svårt att få tro.

Även i dag händer det så ofta att människor säger att de tror på Gud, men de vet egentligen inte vem Gud är, än mindre förstår de Hans hjärta och vilja. De ser Gud enbart utifrån deras egna andliga ramverk och tänker, "Den Gud jag tror på är så här." Det är precis som en groda i en brunn som tror att himlen rakt ovanför honom är hela världen.

Det är därför de misslyckas med att ge och ta emot mycket kärlek från Gud, och när de ser någon som tar emot mycket kärlek från Gud tycker de att det är konstigt. Så när Jesus frågade, "Så länge har jag varit hos er, och du har inte lärt känna mig, Filippus. Den som har sett mig har sett Fadern. Hur kan du säga: Visa oss Fadern?" talade Han till alla människor som har en tro som Filippus.

"Fadern bor i mig och gärningarna är Hans verk"

"Fadern bor i mig och gärningarna är hans verk. Tro mig: jag är i Fadern och Fadern är i mig. Och kan ni inte det, tro då för gärningarnas skull." (14:10-11)

Jesus nämnde tidigare att den som sett Honom hade sett Fadern. Varför tror du Han sade det? Det var för att Jesus är i Gud, och Gud är i Jesus; därför är de fullkomligt ett. Han visade även genom kraftfulla gärningar att Han var ett med Gud. Han botade alla slags sjukdomar och gjorde de svaga starka igen. Inte ens orden Han använde var på Hans eget initiativ, utan uttalade av Fadern som bodde i Honom (Johannes 12:49-50).

Och eftersom Han var ett med Gud kunde Jesus mäkta

med den fruktansvärda vägen för att uppfylla frälsningsplanen genom att dö på korset. Jesus var redan ett med Gud i hjärtat och i viljan att frälsa själarna som var döende i synd. Det var därför Han kunde ta den vägen utan fruktan, som i mänskliga ögon verkade fruktansvärt svår. Precis som vi kan avgöra vilket träd det är genom att se dess frukt, kan vi se och tro att Jesus är i Gud och Gud i Honom genom det Han gjorde.

Den som tror på mig ska göra större gärningar

> "Jag säger er sanningen: Den som tror på mig ska göra de gärningar som jag gör. Och större än så ska han göra, för jag går till Fadern." (14:12)

I Hebreerbrevet 11:1 definieras tro som, *"en övertygelse om det man hoppas, en visshet om ting som man inte ser."* I Markus 9:23 står det, *"Allt är möjligt för den som tror."* När vi därför har sann tro på Jesus kan vi göra samma gärningar som Jesus gjorde, och till och med större än de.

Men varför måste Jesus gå till Fadern för att det här skulle kunna ske?

Om vi bara rycker upp en planta när vi gräver upp jordnötter eller potatis är det mycket som följer med plantan och blir skördade på samma gång. Från början var det bara en jordnöt eller en potatis som planerades, men senare blev det så mycket mer. Jesus var på samma sätt som ett ensamt korn som såddes in i den här världen för Guds rikes skull. Precis som ett frö producerar mycket mer frukt först efter att det har förlorat sin egen form kunde det bli så många barn till Gud först efter att Jesus offrat sig själv helt och hållet.

Stunden som Jesus fullbordade sin tjänst här på jorden och uppsteg till himlen var den stund då en ny eld tändes som skulle fullborda Guds rike. Det var därför Jesus lämnade kvar sina tolv lärjungar. Även efter det skedde mycket av Guds verk genom dessa tolv lärjungarna. Vi kan till och med se att de troende som var ett med Jesus i tron kunde göra många kraftgärningar från Gud precis som Jesus.

Om du läser Apostlagärningarna står det att när Petrus predikade blev omkring tre tusen själar frälsta. Han botade också en person som varit lam från födseln, uppväckte en person från det döda, och gjorde många andra mirakulösa tecken. Eftersom dessa tecken skedde genom Petrus kunde många människor ta emot frälsning och Gud fick stor ära. Aposteln Paulus gjorde också tecken och under, och han spred inte bara evangelium utan lämnade också ett stort avtryck i den tjänsten. Allt gick precis som Jesus hade sagt, "Och större än så ska han göra."

"Om ni ber om något i mitt namn, ska jag göra det"

"Och vad ni än ber om i mitt namn ska jag göra, för att Fadern ska bli förhärligad i Sonen. Om ni ber om något i mitt namn, ska jag göra det. Om ni älskar mig håller ni fast vid mina bud." (14:13-15)

När vi ber måste vi be i "Frälsaren Jesu Kristi" namn, och

vi måste tro att vi kommer ta emot ett svar. Eftersom Gud är allsmäktig kan Han ge oss allt vi ber om i Jesu Kristi namn. Det var därför Jesus sade, "Vad ni än ber om i mitt namn ska jag göra." Och för att bättre förstå varför Han sade, "för att Fadern ska bli förhärligad i Sonen" ska vi ta en titt på en illustration.

Låt oss föreställa oss att en respektabel man som äger ett väldigt stort företag vill ge allt vidare till sin son. Om sonens ideal och visdom är som pappans och han driver företaget väl och utvecklar det så att det blir ännu större, kommer hans pappa vara väldigt glad. Och andra människor kommer att berömma sonen och säga, "Han är precis som sin far." När många gärningar från Gud sker i Jesu Kristi namn kommer Guds rike och område där Han kan påverka växa på samma sätt, och Gud kommer till slut få äran.

Och anledningen till att Jesus än en gång sade, "Om ni ber om något i mitt namn, ska jag göra det" var för att betona än en gång det faktum att Gud kan göra allting.

Nu betyder det förstås inte att bara för att du, om du ber om något i namnet Jesus Kristus, kommer ta emot allt du ber om. Precis som det står skrivet, *"Mina älskade, om hjärtat inte fördömer oss har vi frimodighet inför Gud, och vad vi än ber om, det får vi av honom eftersom vi håller hans bud och gör det som gläder honom"* (1 Johannes brev 3:21-22), måste vi framför allt leva i enlighet med Guds Ord. Och eftersom vi vill lyssna den vi älskar och göra vad han än ber om för, kommer vi, om vi älskar Herren, lyda Guds bud som Herren lärde oss. Det är beviset på vår kärlek till Gud.

Löftet om Hjälparen, den Helige Ande

Jesus visste att Han skulle återvända till Fadern efter att Han hade fullbordat uppdraget att uppfylla frälsningsplanen för mänskligheten. Det var planerat redan från början. Men en sak gjorde Hans hjärta tungt. Varje gång Han såg på sina lärjungar kändes det som om Han lämnade fårahjorden mitt bland vargar, och Han kände stor sorg. För att trösta lärjungarna gav Han dem hopp om himlen, tro och bön och hur man får seger genom kärlek. Och sedan lovade Jesus att ge dem en annan Hjälpare.

En annan Hjälpare

"Och jag ska be Fadern, och han ska ge er en annan

Hjälpare som ska vara hos er för alltid: sanningens Ande. Världen kan inte ta emot honom, för världen ser honom inte och känner honom inte. Ni känner honom, för han förblir hos er och ska vara i er." (14:16-17)

"Hjälparen" här betyder "Någon som talar å någon annans vägnar, och som övertygar eller ger dem råd så att de kan inse vad som är rätt och fel" eller "en som ger rekommendationer, stödjer, styrker och tröstar." Det visar att också Jesus levde ett liv som en Hjälpare. Han var Guds profet, Han var medlaren som hjälpte människor att inse sina synder, och med Guds hjärta botade han de sårade och lidande själarna samtidigt som Han tröstade dem med evangeliet om himlen.

Det var därför Jesus inte bara kallade den Helige Ande, som skulle beskydda och undervisa lärjungarna för "en Hjälpare", utan för "en annan Hjälpare." Som "Guds hjärta" kallas också den Helige Ande för "Sanningens Ande." Den Helige Ande knackar på varje persons hjärta så att han eller hon kan gå in genom frälsningens dörr som öppnades av Jesus Kristus. För de som är goda i hjärtat och tar emot Jesus Kristus bor den Helige Ande i dem. Han hjälper dem att förstå försynen med Jesu Kristi kors, och Han hjälper dem att lära känna Guds hjärta.

Bibeln säger att den Helige Andes närvaro kom "ner som en duva" (Matteus 3:16), och *"Tungor som av eld visade sig för dem och fördelade sig och satte sig på var och en av dem"* (Apostlagärningarna 2:3). Den Helige Ande verkar på olika sätt utifrån personens personlighet och omständigheter så att personen på bästa sätt kan förstå Guds kärlek. Men eftersom människor i den här världen älskar mörkret mer än ljuset kan de inte ta emot den Helige Ande, vilket är en del av Gud, som är Ljuset. Och på samma sätt som man inte kan se vinden, kan dessa människor inte känna den Helige Ande, trots att Han existerar.

Den Helige Andes om bor inuti

> "Jag ska inte lämna er faderlösa, jag ska komma till er. Ännu en kort tid, och världen ser mig inte längre. Men ni ska se mig, för jag lever och ni ska leva. Den dagen ska ni förstå att jag är i min Far, och att ni är i mig och jag i er." (14:18-20)

Utan Jesus var lärjungarna som föräldralösa barn som hade förlorat sina föräldrar. Men Jesus som har medlidande och som älskar, skulle aldrig lämna dem på det sättet. Ja, de skulle skiljas när Han dog på korset, men Han lät dem få vet att separationen bara skulle vara ett litet tag, och Han lovade att återvända.

"Jag ska inte lämna er faderlösa, jag ska komma till er." Och precis som Han sagt, återvände Jesus efter sin uppståndelse för att besöka sina lärjungar flera gånger, och Han uppenbarade sig till och med för fem hundra bröder på samma gång (1 Korintierbrevet 15:6). Men när Han sade, "Jag ska komma till er" menade Han inte bara att komma till dem direkt efter uppståndelsen. Det finns en annan djup innebörd bakom detta uttalande, vilket betyder att när Jesus väl uppfyller frälsningsplanen kommer Han och Hans lärjungar kunna vara tillsammans för evigt.

Just innan Han korsfästes sade Jesus, "för jag lever" eftersom Han hade full visshet om att Guds försyn skulle uppfyllas. Fienden djävulen och Satan trodde att genom att döda Jesus, Messias, skulle allt vara över. Men eftersom han dödade Jesus, som inte hade någon synd, bröt han i stället mot Guds lag som säger "syndens lön är döden." Satan grävde sin egen grav. Det ledde till att var och en som andligen är ett med Herren, som blev uppståndelsen förstlingsfrukt, är fri från syndens och dödens lag, och tar emot evigt liv. Eftersom Herren uppstod har dörren till livet öppnats för alla oss andra också.

Jesus sade, "Den dagen ska ni förstå att jag är i min Far, och att ni är i mig och jag i er." Här handlar "den dagen" om den dag då Jesus uppstod efter att ha tillintetgjort dödens makt. Även fast Jesus från början var ett med Gud, kunde Han bara efter att ha fullbordat det uppdrag Han fick från Gud, säga "Jag är i Fadern." Vid den här tiden befinner sig Jesus på samma stadie som en son som har gjort allt vad hans far ville och därför kan se upp i sin fars ansikte med glädje och tillförsikt.

Med "Ni är i mig" menas vår tro på Herren. När vi tror på Jesus Kristus kan vi leva i Herren. Det är inte tro baserat på vad vi vet i våra huvuden, utan andlig tro, som inte förändras – oavsett vilka omständigheter som kommer. Bara när vi har en sådan tro kan vi säga att vi är i Herren.

Och anledningen till att Jesus sade, "Jag är i er" är för att Gud sänder den Helige Ande för att bo i hjärtat hos dem tror på Jesus som deras Frälsare. Vi kan inte se den Helige Ande med våra egna ögon, men Han bor faktiskt i oss. Han hjälper oss att inse vad Guds hjärta och vilja är, och Han hjälper oss att känna Jesu Kristi kärlek.

Den som håller buden med den Helige Andes hjälp

"Den som har mina bud och håller fast vid dem är den som älskar mig. Den som älskar mig ska bli älskad av min Far, och jag ska älska honom och uppenbara mig för honom." (14:21)

Denna vers berättar för oss vad det betyder att "älska Jesus med den Helige Andes hjälp." Om vi säger att vi älskar Jesus men inte håller Hans bud betyder det att vi egentligen inte älskar Honom. Att älska någon bara med våra ord är som ett tomt eko. Det har inget riktigt värde. Det är därför Jesus betonar efter att Han har förklarat vad det är att vara ett med Fadern, Sonen och den Helige Ande, "Den som har mina bud och håller fast vid dem är den som älskar mig."

Om någon genom tro har en relation med Herren och litar på Honom och verkligen älskar Herren, kommer han ta Hans ord till hjärtat och försöka leva ut dem. Han kommer inte bara lyda orden bara för lydandets skull – han kommer förstå varför Jesus sade dessa ord och han kommer följa dem med glädje och tacksamhet.

På samma sätt som vi klär upp oss för att möta någon vi älskar i den fysiska världen, kommer vi göra oss av med vårt gamla jag som var ett med världen om vi verkligen älskar

Herren, för att efterlikna Kristus. Bara de som fortsätter att förändras med den Helige Andes hjälp på detta sätt kan verkligen säga att de älskar Herren.

Om vi ser på Bibeln uttrycker Gud en oerhörd kärlek till de som håller Hans bud för att de älskar Honom. Till Abraham som var villig att offra sin ende son Isak gav Gud den stora välsignelsen av att bli trons fader, roten till välsignelser. Daniel, som älskade Gud mer än sitt eget liv, tog emot ett exceptionellt skydd, till och med från hungriga lejon. Han kunde visa Guds härlighet på ett stort sätt över hela landet.

Gud tar inte bara ensidigt emot kärleken som Hans barn ger till Honom av hela deras hjärta, vilja och liv. Han visar oss utan tvivel bevis på sin kärlek också. Därför kan vi förbli i Hans Ord med ännu större glädje och tacksamhet.

Jag kommer vara med er i Faderns, Sonens och den Helige Andes namn

> "Judas – inte Judas Iskariot – frågade: 'Herre, hur kommer det sig att du ska uppenbara dig för oss och inte för världen?' Jesus svarade: 'Om någon älskar mig, håller han fast vid mitt ord. Och min Far ska älska honom, och vi ska komma till honom och ta vår boning hos honom. Den som inte älskar mig håller inte fast vid mina ord. Ordet som ni hör är inte mitt, det kommer från Fadern som har sänt mig.'" (14:22-24)

Judas, inte Iskariot, var en av Jesu tolv lärjungar. Han var son till Jakob och kallades också "Thaddeus" (Lukas 6:16). När Judas inte kunde förstå den andliga innebörden bakom Jesu ord frågade han varför Han uppenbarade sig för lärjungarna men inte för världen. Men egentligen var det inte så att Jesus inte visade sig själv för världen – det var att människorna i världen inte kunde känna igen Honom. Jesus öppnade ögonen på en blind man och uppenbarade sig på så sätt; men judarna anklagade Honom som om de talade med en syndare. De förstod inte Jesu ord som innehöll sant liv. I stället hånade och förföljde de Honom.

Människor med goda hjärtan förstod å andra sidan Hans ord, och de tog till sig livet i Hans ord som deras eget och tillämpade det på sina liv. Bara sådana människor som bekänner att Jesus Kristus är deras Herre kan kalla Gud för sin Far. Det var därför Jesus än en gång sade att om någon älskar Honom så håller han fast vid Hans ord, och för dem som håller fast vid Hans ord kommer "[vi] och tar vår boning hos honom."

Första person pluralis här handlar om "Gud Fadern, som är Ordet, "Jesus Kristus Frälsaren" och den "Helige Ande." När Ordet är i oss, och vi håller Faderns bud, är Fadern i oss och vi är ett med Honom, vilket gör oss till Hans sanna barn. "Vi" betyder Gud, Jesus Kristus och den Helige Ande som ett, när de bor i våra hjärtan, inte bara en del av Fadern, eller Sonen eller den Helige Ande, utan det fulla hjärtat från Gud Treenigheten, är det inskrivet i våra hjärtan.

De som vördar Gud och följer sanningen kommer inför Jesus och älskar att lyssna på Ordet. De blir upplysta i sina hjärtan och förstår att Jesus är Kristus. Det är därför de tar emot Jesu ord som ord direkt från Gud.

Den Helige Andes tjänst, Hjälparen

"Detta har jag sagt er medan jag ännu är kvar hos er. Men Hjälparen, den helige Ande som Fadern ska sända i mitt namn, han ska lära er allt och påminna er om allt som jag sagt er." (14:25-26)

Så varför måste Gud vänta tills efter Jesus hade fullbordat sitt uppdrag i den här världen innan Han kunde sända den Helige Ande i Jesu Kristi namn? Den Helige Ande är "Guds Ande som är helig"; därför kan Han inte bo i syndare. Bara de som har blivit förlåtna deras synder genom Jesu blod kan ta emot den Helige Ande. Eftersom Jesus blev försoningen och skapade fred mellan människan och Gud, kan nu den Helige Ande – som Gud har sänt – bo i våra hjärtan.

Det betyder inte att det inte fanns något som den Helige Ande gjorde i Gamla testamentet innan Jesus kom. I de dagarna rörde Gud vid profeternas hjärtan eller sitt folk att göra Hans gärningar, i Guds Andes namn eller i HERRENS Ande. Eftersom detta var innan människorna blev förlåtna deras synder genom Jesu Kristi blod, kunde den Helige Ande inte bo på insidan av deras hjärtan; i stället rörde Han vid människor på utsidan så att de kunde utföra Hans verk.

"Gud kommer sända den Helige Ande i Jesu Kristi namn", betyder att den Helige Ande, som är "samme Ande" som Jesus kommer i Jesu ställe. Den Helige Ande gör en riktigt viktig tjänst. En av de allra viktigaste uppgifterna Han har är att "Han ska lära er allt och påminna er om allt som jag sagt er."

Den Helige Ande rör vid varje troende och hjälper honom att få andlig upplysning så att han kan veta och förstå alla Jesu liknelser och Guds hjärta. Även om någon hävdar att han har tagit emot mycket av Jesu undervisning förblir allt det bara som kunskap om han inte tar emot den Helige Andes gärningar. Men när någon är fylld av den Helige Ande och är berörd av Honom, då kan han förstå inte bara de ord Gud talade genom liknelser; han kan också förstå hemligheterna i den andliga världen.

Frid ges genom den Helige Ande, vår Hjälpare

"Frid lämnar jag åt er. Min frid ger jag er. Jag ger er inte det som världen ger. Låt inte era hjärtan oroas och tappa inte modet. Ni har hört att jag har sagt er: Jag går bort, och jag kommer till er igen. Om ni älskade mig skulle ni vara glada över att jag går till Fadern, för Fadern är större än jag." (14:27-28)

Folk vill leva ett liv i frid, men så länge vi är i den här världen, kommer oro och ångest aldrig att ta slut. Det händer ofta då vi ena minuten är på gott humör och nästa minut bråkar och grälar. Oavsett vart vi letar, är det väldigt svårt att finna sann frid. Men den frid som Gud ger oss är den sanna friden, och den är evig.

När Jesus berättade för sina lärjungar att Han skulle bli förråd och såld och att Han skulle gå till en plats dit de inte kunde följa med, kunde Hans lärjungar inte göra sig av med oron och fruktan själva. Även fast Jesus hade lovat att sända den Helige Ande till dem, kunde de inte sluta oroa sig eftersom de inte förstod den andliga betydelsen av det Han sade. Men Jesus skällde inte ut dem för att de inte förstod Honom. I stället lovade Han dem sann frid som världen inte kan ge.

Jesus uppmanade dem att vara glada eftersom den Helige Ande, Hjälparen, skulle komma när Han hade gått till Fadern. Han menar att den Helige Ande skulle komma in i deras hjärtan och bo i dem. Så trots att Jesus inte skulle kunna bo med dem i kroppen längre, skulle den Helige Ande bo i dem för alltid. Utifrån det här borde lärjungarna varit glada när Jesus sade, "Jag går till Fadern, för Fadern är större än jag" eftersom Gud den Allsmäktige skulle sända dem den Helige Ande som Hjälparen och leda dem ända till slutet.

Korsfästelsen och lärjungarnas tro

"Nu har jag sagt det till er innan det sker, för att ni ska tro när det har skett. Jag ska inte säga er mycket mer, för denna världens furste är på väg. Han har ingen makt över mig, men världen måste förstå att jag älskar Fadern och gör som Fadern har befallt mig. Res er så går vi härifrån." (14:29-31)

Det finns två anledningar till att Jesus berättade för sina lärjungar om sin död på korset innan det skedde, efter att ha ätit färdigt påskmåltiden. För det första var det för att när uppdraget på korset var färdigt skulle lärjungarna tro, och för det andra att de skulle veta att Jesu död var en del av Guds plan.

Anledningen till att Jesus greps och korsfästs av "denna världens furste", eller dem med makt, som översteprästen, fariséerna och de skriftlärda, var inte för att Han inte hade makt själv. Eftersom Han var ett hjärta med Gud och inte ville att en enda själ skulle gå under, lydde Han Guds vilja helt och hållet och tog på sig allt lidande. Jesus dog på korset trots att Han inte hade någon synd, för att demonstrera Guds kärlek (Romarbrevet 5:8).

Det var därför Jesus sade, "[denna världens furste] har ingen makt över mig, men världen måste förstå att jag älskar Fadern och gör som Fadern har befallt mig." Jesus älskade Fadern, och därför gjorde Han vad Han befallde. Han blev inte skakad av denna världens makter. Det var därför Han sade, "Han har ingen makt över mig." Inte förrän Jesus uppstod och uppsteg till himlen förstod lärjungarna denna försyn från Gud och fick sann tro vilket gjorde att de kunde överlåta hela sina liv till att vara kraftfulla vittnen för Herren.

Kapitel 15

Jesus är den sanna vinstocken

1. Liknelsen om vinstocken och grenarna
(15:1-17)

2. Världen och lärjungarna
(15:18-27)

Liknelsen om vinstocken och grenarna

Efter att ha haft påskmåltiden med sina lärjungar berättade Jesus något för dem som verkar vara Hans sista vilja. En persons sista ord lämnar ett varaktigt intryck på dem som hör det. Även människor som normalt inte är bra på att lyssna på andra människor är uppmärksam på de sista orden från någon som de känner i sina hjärtan.

För att förklara sin relation till sina lärjungar sade Jesus att Han är vinstocken, Gud är vinodlaren, och Hans lärjungar är vinstockens grenar. Tiden fortsatte att gå och Jesu hjärta ömmade för sina lärjungar som Han var på väg att lämna, och lärjungarnas hjärtan ömmade för deras lärare när de fick höra om Hans nära förestående död.

Vinodlaren och vinstocken

"Jag är den sanna vinstocken, och min Far är vinodlaren. Varje gren i mig som inte bär frukt tar han bort, och varje gren som bär frukt rensar han så att den bär mer frukt." (15:1-2)

Jesus använde liknelsen om vinstocken och grenarna för att Hans lärjungar skulle kunna få en bättre förståelse av Honom. Vindruvor är väldigt vanliga i Israel. Under sommaren får Israel väldigt lite regn, temperaturen är hög och det är torrt, vilket är perfekt för att producera druvor. Men även om man planterar den bästa variationen av växter i den allra bästa jorden, är det fortfarande vinodlarens arbete som är det allra viktigaste för att god frukt ska produceras. Beroende på vad vinodlaren gör kan åkern och antalet gröda variera.

Jesus använde bilden av Gud som vinodlaren, och sig själv som vinstocken som blev planterad i den här världen enligt Guds vilja, för att kunna visa att all makt tillhör Gud. Redan från tidernas begynnelse planerade Gud att sända Jesus till denna värld för att förbereda vägen till frälsning. Och när tiden var inne satte Gud sin plan till verket. Av alla växter som finns, varför jämförde Jesus sig med vinstocken?

Det beror på att druvjuicen som kommer från druvan symboliserar Jesu blod. När Han gav av vinet till sina lärjungar under den sista måltiden, sade Jesus, *"Denna bägare är det nya förbundet genom mitt blod som blir utgjutet för er"* (Lukas 22:20). Och anledningen till att Han kallade sig själv för den sanna vinstocken är för att som sanningen själv är Jesus i grunden Gud, som är evigt oföränderlig.

Jesus använde också denna liknelse på grund av druvans egenskaper och förmåga att producera mycket frukt. En druva är en frukt som består av en klase av frukter. På samma sätt bär också vi som Guds barn frukt när vi är sammankopplade genom Jesus Kristus och tron. I det att det står väl till med vår själ kan vi leda många själar till frälsning och vi kan bära frukter såsom den Helige Andes nio frukter, kärlekens frukter (står i Kärlekens kapitel), saligprisningarnas och ljusets frukter.

Genom att använda denna bild på vinstocken gör Jesus ett fullständigt erkännande av Gud och lyfter upp Honom som den som styr över allting. Eftersom Gud tillhandahåller näring och perfekt mängd vatten, sol och luft som behövs för att frukten ska blomstra, är det hos Honom som den totala suveräniteten finns.

Vinodlaren ser till att vinstocken är i god form och beskär grenarna så att trädet kan bära god frukt. På samma sätt kommer en person som bekänner sin tro på Jesus Kristus men inte lever i sanningens Ord till slut att falla bort från Jesus Kristus. När vi först ser på versen, "Varje gren i mig som inte bär frukt tar han bort" verkar det som att Gud utan urskiljning bara skär av alla grenar Han vill, genom denna metaforiska jämförelse där vinodlaren är Gud. Men så är inte fallet.

Gud som vill att alla människor ska bli frälsta, kommer aldrig vara den som först skär av någon. Här handlar "grenar som tas bort" i själva verket om de människor som misslyckas med att leva i enlighet med Guds Ord och faller bort från sanningens väg på egen hand. Gud håller med sin kraft å andra sidan uppe de som reflekterar över sig själva med hjälp av Hans Ord och som försöker förnya och förbättra sig själva. Han ger dem dessutom möjligheten att upptäcka all slags ondska de kan ha i sina hjärtan, så att de kan göra sig av med den.

När en förälder t ex upptäcker att hans barn har stor potential inom något område eller är begåvad tänker han, "Om det här barnet får särskilt stöd på det här området kommer det gå bra för honom." Han ser sedan till att barnet får särskilt utbildning och träning på just det området. När Gud på samma sätt ser att ett av Hans barn har det svårt med att göra sig av med sina synder och bli helgad, leder Han dem till en högre och mer komplett dimension genom att låta dem få uppleva en del lidanden.

Som det står i Jakobs brev 1:2-4, *"Räkna det som ren glädje, mina bröder, när ni råkar ut för olika slags prövningar. Ni vet ju att när er tro prövas ger det uthållighet. Och låt uthålligheten leda till fulländad gärning, så att ni är fullkomliga och hela, utan brist på något sätt"* blir människor tränade och renade genom prövningar så att de blir mer fullkomliga barn till Gud. Denna process liknar beskäringsprocessen.

Vinstocken och dess grenar

"Ni är redan nu rena i kraft av ordet som jag har talat till er. Förbli i mig, så förblir jag i er. Liksom grenen inte kan bära frukt av sig själv om den inte förblir i vinstocken, så kan inte heller ni det om ni inte förblir i mig. Jag är vinstocken, ni är grenarna. Om någon förblir i mig och jag i honom, så bär han rik frukt. Utan mig kan ni ingenting göra. Om någon inte förblir i mig, kastas han ut som en gren och vissnar. Sådana grenar samlar man ihop och kastar i elden, och de bränns upp." (15:3-6)

Eftersom lärjungarna ännu inte hade tagit emot den Helige Ande kunde de inte förstå den andliga andemeningen bakom liknelsen med vinstocken. De kunde helt enkelt inte begripa den, eftersom deras sinnen var omgärdade av en tjock dimma. Men Jesus fortsatte att undevisa dem eftersom Han visste att så fort de tagit emot den Helige Ande senare skulle de förstå allt.

"Ni är redan nu rena i kraft av ordet som jag har talat till er..." Detta stycke innebär att Jesus har makten att förlåta synder (Matteus 9:6). Som det står skrivet i 1 Johannes brev 1:7, *"Men om vi vandrar i ljuset, liksom han är i ljuset, då har vi gemenskap med varandra och Jesu, hans Sons, blod renar oss från all synd"* blir vi förlåtna våra synder, tar emot frälsning och kan komma till himlen för att vi accepterar Herren och bor mitt i Ljuset.

Men det finns ett villkor för detta. Bara när vi lever mitt i Ljuset, eller i enlighet med Guds Ord, kan vi ha gemenskap med Gud, och bara genom Jesu Kristi blod kan vi bli renade. Om någon som har tendens att slå till andra när han blir arg sedan ber om förlåtelse, men när han blir arg igen använder han på nytt våld, kommer han kunna ta emot sann förlåtelse?

Bara för att du bekänner dina synder inför Gud ska du därför inte sluta där. Handlingarna du gör efter är väldigt viktiga. Det är för att sann omvändelse inte slutar med att du bara bekänner din synd med dina läppar, utan i att du fullständigt vänder dig bort från din synd.

En annan orsak till att Jesus sade till sina lärjungar att de redan "var rena" var för att de kunde ta emot välsignelsen av helgelsen genom Guds nåd – inte bara för att de senare skulle bli förlåtna deras synder, utan också för att de skulle göra sig av med synderna som fanns på insidan av deras hjärtan och bli rena. Jesus sade, "Ni är redan nu rena i kraft av ordet som jag har talat till er", men ännu hade lärjungarna inte tagit emot den Helige Ande. Men Han visste också att senare när lärjungarna tog emot den Helige Ande skulle de förstå allt Han hade lärt dem, och de skulle förvandlas till rena kärl.

Det spelar ingen roll hur stark en gren är, den kan ändå inte bära frukt om den är skild från vinstocken. På samma sätt kan vi bara ta emot liv och bära mycket frukt när vi förblir i Jesus som är den sanna vinstocken.

Att "förbli i Jesus" betyder att man "lever i enlighet med Guds Ord", som är sanningen. Motsatsen är alltså att om vi inte lever i sanningen driver vi enbart bort från Jesus. Det är precis som det står skrivet i 1 Johannes brev 2:15, *"Älska inte världen, inte heller det som är i världen. Om någon älskar världen finns inte Faderns kärlek i honom."*

Precis som en gryta med kokande vatten till slut kallnar om den inte hålls upphettad, kommer vår kärlek till Gud att kallna om våra hjärtan är fokuserade på den här världen, och till slut driver vi bort från sanningen. Problemet här är att om kylprocessen inträffar sakta och knappt märkbart, kanske vi inte ens inser att det håller på att ske. Sedan kommer den Helige Ande att vara utsläckt i våra hjärtan och vi kanske till och med förlorar vår frälsning.

En vinodlare planterar en stock för att senare få skörda dess frukt. Grenarna som inte bär frukt och grenar som faller av vinrankan är värdelösa. Vinrankans grenar är böjda på ett särskilt sätt så om de inte bär frukt duger de inte till något annat än som brännved. Det är det samma med vårt andliga liv. Den som drar sig närmare och närmare världen och faller bort från Jesus kommer till slut att gå på dödens väg, och till slut hamna i helvetets eld.

Hemligheten bakom att bära mycket frukt

"Om ni förblir i mig och mina ord förblir i er, så be om vad ni vill och ni ska få det. Min Far förhärligas när ni bär rik frukt och blir mina lärjungar." (15:7-8)

Den som följer efter Jesu hjärta och är totalt ett med Honom söker inte efter sina egna själviska begär. I stället lyfter de ivrigt upp böner av kärlek för Guds rike och för förlorade själar. Gud har behag till sådana människor, och allt vad de ber om ger Han dem (1 Johannes brev 5:14). De som därför lever efter Guds Ord och ber om att Guds rike och Guds rättfärdighet ska ske, bär mycket frukt. Att "bära rik frukt" betyder att man inte bara har den Helige Andes nio frukter, kärlekens kapitel i 1 Korintierbrevet och saligprisningarnas frukter, utan också att man visar Guds kraft och makt genom tecken och under.

Precis som många människor gav ära till Gud när Jesus visade Guds kraft genom tecken och under ska vi som Guds barn, bära mycket frukt och ge ära till Gud också. Då kommer Gud att säga, "Jag är så glad över att ha fått sanna barn" och känna sig nöjd och att det lönade sig att kultivera människan. Det var vad Jesus menade när Han sade, "Min Far förhärligas av detta." Att också omskära våra hjärtan genom Guds Ord och bli mer lika Honom, det i sig själv ger ära till Gud och gläder Hans hjärta.

Och den som tror på Jesus Kristus och förblir i Hans ord och ger ära till Gud tillsammans med Honom, kommer oavsett vilken tid personen lever i, kunna kallas "Herrens lärjunge." Att vara "Herrens lärjunge" innebär att man har fått löfte om att få leva med Gud mitt i Hans härlighet, när man kommer in i himlen.

Förbli i min kärlek

"Så som Fadern har älskat mig, så har jag älskat er. Bli kvar i min kärlek. Om ni håller mina bud blir ni kvar i min kärlek, liksom jag har hållit min Fars bud och är kvar i hans kärlek. Detta har jag sagt er för att min glädje ska vara i er och för att er glädje ska bli fullkomlig." (15:9-11)

Hur skulle föräldrar tycka att det var om de var tvungna att sända iväg deras älskade son till en plats där faror lurade i varje hörn? De skulle förmodligen hellre vilja åka dit själva i stället för att sända deras son. Om möjligt skulle föräldrarna själva hellre uppleva smärtan om det skulle innebära att deras barn inte behövde gå igenom det. Hur tror du Gud kände det, när Han sände sin Son Jesus in i den här världen full av synd?

Eftersom Gud älskade oss fast vi var på väg mot döden, sände Han sin Enfödde Son till oss. Eftersom Jesus visste bättre än någon annan vad Guds vilja är, älskade Han oss och frälsningsplanen genom korset kunde bli uppfylld. Till dem av oss som är klädda i denna stora kärlek från Gud sade Jesus, "Så har jag älskat er. Bli kvar i min kärlek."

I Matteus kapitel 22 ville en av de laglärda pröva Jesus med denna fråga: *"Mästare, vilket är det största budet i lagen?"* (v. 36). På detta gav Jesus honom ett tydligt svar: *"Du ska älska Herren din Gud av hela ditt hjärta och av hela din själ och av hela ditt förstånd. Det är det största och första budet. Sedan kommer ett som liknar det: Du ska älska din nästa som dig själv"* (v. 37-39).

Det här visade Jesus oss genom sina handlingar. Han lade av sig sin härlighet i himlen och kom till den här världen, tog på sig all lidande och smärta på korset på grund av sin kärlek till Gud och sin kärlek till oss.

Beviset på vår kärlek till Gud syns i vår lydnad till Hans bud (1 Johannes brev 5:3). Guds bud handlar om alla de ord som är nedskrivna i de 66 böckerna i Bibeln och de som försöker leva efter Guds Ord kommer att förstå Guds hjärta ännu mer. Genom processen att förstå och handla efter Hans Ord kan de förstå Guds kärlek och mäta Hans hjärtas djup. Det var därför Jesus gav det här löftet, "Om ni håller mina bud blir ni kvar i min kärlek, liksom jag har hållit min Fars bud och är kvar i hans kärlek."

Under sin sista kväll i den här världen ville Jesus visa Guds kärlek till sina lärjungar mer än någonting annat. Han lärde dem att Hans lidande på korset var för att fullborda Guds frälsningsplan, och att mänskligheten genom denna process, vars slutgiltiga destination var döden på grund av synden, skulle få privilegiet att bli Guds barn och till slut komma till himlen. Jesus ville inte att lärjungarna skulle bli panikslagna eller modfällda av de händelser som skulle inträffa, utan i stället ta emot det med glädje.

"Ni är mina vänner, om ni gör vad jag befaller er"

"Detta är mitt bud: att ni ska älska varandra så som jag har älskat er. Ingen har större kärlek än den som ger sitt liv för sina vänner. Ni är mina vänner, om ni gör vad jag befaller er." (15:12-14)

Att lyda Jesu befallning är att älska andra som Jesus älskade oss. Denna kärlek är en andlig, uppoffrande kärlek som gör att man kan lägga ner sitt liv för Gud, Hans rike, Hans rättfärdighet, och till och med för en broder. Ju mer synd och ondska vi gör oss av med och blir helgade, desto mer andlig kärlek kan vi ha i våra hjärtan. Bara när vi har gjort oss av med hat, avundsjuka, svartsjuka och annat sådant kan vi på djupet älska vår nästa som oss själva och tjäna dem med kärlek.

Så när Jesus sade till oss att "älska varandra" går det att finna ett djupare budskap i dessa två ord; Jesu uppriktiga vilja och längtan efter att Guds barn ska kultivera sina hjärtan med sanning och bli mer lik Honom. Vänner känner och förstår varandra, och vänner älskar varandra. En sann vän kommer att betrakta sin väns företag som sitt eget och vilja göra uppoffringar för den vännen. Och om vännen till och med var villig att offra sitt eget liv för sin vän, skulle det inte finnas någon större kärlek än det.

Så varför tror du Jesus sade som Han gjorde?

Jesus ville bli en andlig vän inte bara till sina lärjungar utan till alla de som senare skulle läsa Hans ord. Men det finns ett villkor: Jesus sade: "Ni är mina vänner, om ni gör vad jag befaller." Det betyder att om vi vill bli andlig vän med Jesus behöver vi lära känna och förstå alla Guds ord, vilket är sanningen, och leva efter sanningen. Precis som Jesus offrade sitt eget liv och visade oss den största kärleken, kan vi bara när vi själva fyller oss med denna stora kärlek, bli andliga vänner till Jesus.

Skillnaden mellan slav och vän

"Jag kallar er inte längre tjänare, för tjänaren vet inte vad hans herre gör. Jag kallar er vänner, för jag har låtit er veta allt som jag hört av min Far." (15:15)

I Romarbrevet 5:12 står det, *"Därför är det så: Genom en enda människa kom synden in i världen, och genom synden döden. På så sätt nådde döden alla människor, eftersom alla hade syndat."* Efter att Adam syndat blev alla hans efterkommande födda med en syndfull natur; och som syndare blev de slavar till fienden djävulen och Satan.

Men den som blir fri från synd genom frälsning genom Jesu Kristi kors är inte längre slav till synden utan ett Guds barn, född på nytt genom den Helige Ande. Romarbrevet 8:15 säger, *"Ni har inte fått slaveriets ande så att ni på nytt måste leva i fruktan. Nej, ni har fått barnaskapets Ande, och i honom ropar vi: 'Abba! Far!'"*

Liksom en "slav" inte vet vad som finns i hans herres hjärta vet en person som är slav till synden inte vad Jesus säger eller något om Guds kärlek. Han vet inte vad som finns i Guds hjärta, som kultiverar människan, eller om Jesus, som kom in i den här världen och som visste vad som fanns i Faderns hjärta. Med dessa ord uppmuntrade Jesus sina lärjungar att så fort Han dog på korset och hela mänsklighetens synd var förlåten, skulle de aldrig mer vara slavar till synden. Det var inte bara ett budskap till lärjungarna utan till alla som accepterar Herren, ända fram till denna dag.

I enlighet med dessa ord visar Gud sin försyn med frälsningen på korset för alla som blir födda på nytt genom den Helige Ande och som blir Jesu vän. Precis som vi kan berätta våra hemligheter för våra allra närmaste vänner kommer Gud låta dem få veta inte bara om de djupaste hemligheterna i den andliga världen, utan också om sådant som ska komma. Det är möjligt att även i denna dag och denna tidsålder, den Helige Andes tidsålder, till och med lära känna det djupaste i Guds hjärta.

Anledningen till att Jesus utvalde och undervisade sina lärjungar

"Ni har inte utvalt mig, utan jag har utvalt er och bestämt er till att gå ut och bära frukt, och er frukt ska bestå. Då ska Fadern ge er vad ni än ber honom om i mitt namn. Och detta befaller jag er: att ni ska älska varandra." (15:16-17)

Hur gick det till när de tolv lärjungarna började tjäna Jesus? Jesus var den som först kallade dem. Han sade, "Följ mig" till Petrus och Andreas som var ute och fiskade, och Han sade till dem att de skulle bli människofiskare. Han kallade också Jakob och Johannes som höll på att laga sina nät tillsammans med sin far (Matteus 4:18-22). Han sade också till Filippus och tullindrivaren Levi, "Följ mig!" (Markus 2:14; Johannes 1:43).

Frälsningens nåd gavs inte till oss för att vi först sökte Gud och bad Honom om den. Som det står i Efesierbrevet 2:8, *"Av nåden är ni frälsta genom tron, inte av er själva. Guds gåva är det"* blev det givet till oss utan kostnad från Gud, som ville få sanna barn.

Det var så att vi skulle kunna bära frukt. Vi "bär frukt" när vi förvandlar oss själva genom Guds Ord. En person som t ex inte kan älska förvandlas till en älskande person, en person som inte kunde förstå andra förvandlas till en förstående person. Han kommer inte bara försöka förstå andra när de är oförskämda, utan också försöka hjälpa dem. En person som bär sanningens frukter på det här sättet kan ta emot allt han ber om i Jesu Kristi namn.

När Jesus sade, "Detta befaller jag er" sade Han till oss att "bära sanningens frukt genom Guds Ord och bli helgade." Och orsaken till att Han sade till oss att förvandla oss själva med Guds Ord, som är sanningen, är så att vi kan "älska varandra."

Någon som älskar med andlig kärlek kommer bli helgad genom att beväpna sig med sanningen; och han kommer ha frid med alla och bli erkänd inför Gud. Ju mer vi liknar Guds avbild som vi en gång förlorade, desto mer andlig kärlek kan komma ut ur oss så att vi till och med kan älska våra fiender. Det beror på att kärnan i Guds hjärta är kärlek. Den allra största anledningen till att Jesus sade "älska varandra" var så att vi, som Guds barn, kan återfå det som en gång gått förlorat – Guds avbild i oss.

Jesus ville att de skulle förstå kärnan i Guds kärlek till lärjungarna och alla Guds barn. Den som har tagit emot Guds nåd som Han gav oss för intet, behöver förvandla sitt hjärta med sanningen. Ju mer sanning vi har i våra hjärtan, desto mer kraft har vi att älska varandra.

Världen och lärjungarna

I Matteus kapitel 4 står det om den gång då Jesus blev frestad av Satan i 40 dagar, innan Hans offentliga tjänst började. Vid det här tillfället frestade Satan Honom med att visa Honom alla riken i den här världen och dess härlighet: *"Allt detta ska jag ge dig, om du faller ner och tillber mig"* (v. 9). Jesus kastade självklart ut Satan med Guds Ord, men denna händelse visar oss att fienden Satan har makten och auktoriteten över alla riken i den här världen.

Gud gav Adam auktoriteten att lägga hela världen under sig och råda över den, men på grund av hans olydnad blev han en slav till synden. Därför var Adams auktoritet tvungen att överlämnas till fienden djävulen och Satan. Om en fri människa blir en slav till någon ges alla hans rättigheter över till hans herre (Romarbrevet 6:16). Och det är också anledningen till att fienden djävulen och Satan kallas "världshärskarna här i mörkret" som det står i Efesierbrevet 6:12, *"Vi kämpar inte mot kött och blod, utan mot furstarna, mot makterna, mot världshärskarna här i mörkret och mot ondskans andemakter i himlarymderna."*

Varför världen hatar er

"Om världen hatar er, ska ni veta att den har hatat mig före er. Hade ni tillhört världen, skulle världen ha älskat er som sina egna. Men ni tillhör inte världen, utan jag har utvalt er och tagit er ut ur världen. Därför hatar världen er." (15:18-19)

På samma sätt som ljuset och mörkret aldrig kan bli ett, kan Gud och denna värld som hamnat under fienden djävulens och Satans välde inte bli ett. Det är en annan anledning till varför vi får mer distans till den sekulära världen ju mer vi lyder Guds Ord och lever i sanningen.

Någon som å andra sidan älskar världen kommer längre och längre bort från Gud; och ju mer han jagar efter sina köttsliga begär, desto mer faller han för syndens bom. Ju djupare någon faller, desto lyckligare blir fienden djävulen och Satan. Det var därför Jesus sade, "Hade ni tillhört världen, skulle världen ha älskat er som sina egna."

Det är naturligt att världen hatar den som är utvald av Gud, den som accepterar Jesus som sin Frälsare och jagar efter sanningen. Det finns tider i vår andliga vandring då vi upplever svårigheter och eländen av den enkla anledningen att vi lever i enlighet med Guds Ord. Vi kanske försöker göra andra mer bekväma genom att tjäna dem, men de gör vad de kan för att hitta fel i det vi gör. Det är ett resultat av att fienden djävulen och Satan kontrollerar de onda människorna som tillhör dem.

Därför står det skrivet i 1 Johannes brev 3:13, *"Bröder, var inte förvånade om världen hatar er."* Även om vi får lida från gång till gång när vi strävar efter att leva i sanningen, kommer Gud till slut låta allt samverka till det bästa för dem som litar på Hans namn. Därför slutar alla omständigheter faktiskt som en välsignelse.

"Kom ihåg vad jag sagt: tjänaren är inte större än sin herre. Har de förföljt mig, ska de också förfölja er. Har de bevarat mitt ord, ska de också bevara ert ord." (15:20)

"Tjänare" handlar om de onda andarna som har kontrollen över luftens rike, och fienden djävulen och Satan som är världshärskare här i mörkret. "Herre" handlar om Gud Fadern. "En slav är inte större än sin herre" betyder att de onda andarnas makt som kontrollerar luften är inte större än Guds makt. Därför ska vi som är Guds barn inte vara rädda eller frukta någonting i den här världen.

Men som det står skrivet, "Har de förföljt mig, ska de också förfölja er" kommer fienden djävulen och Satan göra allt de kan ända till slutet av den här världen för att fresta ytterligare en till in i mörkrets rike. Ibland kommer Satan kontrollera de människor som inte känner Gud, eller de med liten tro till att förfölja och dra svårigheter över Guds barn. Men eftersom Gud, som har större makt än fienden djävulen och Satan, leder och beskyddar oss kan vi vara frimodiga och modiga.

Vad tror du då att Jesus menade när Han sade, "Har de bevarat mitt ord, ska de också bevara ert ord"? Detta betyder att även om vi får möta förföljelser och sådant som skrämmer oss, behöver vi ha tro på vår Gud, som har större makt än allt som finns i den här världen, och vi ska fortsätta att sprida Hans ord och visa Hans kärlek med frimodighet och utan fruktan. Då kommer vi bli beskyddade och försvarade av Guds makt, och vi kommer kunna ge ära till Gud.

> "Men allt detta kommer de att göra mot er för mitt namns skull, därför att de inte känner honom som har sänt mig. Hade jag inte kommit och talat till dem, skulle de vara utan synd. Men nu har de ingen ursäkt för sin synd. Den som hatar mig hatar också min Far. Hade jag inte gjort sådana gärningar bland dem som ingen annan gjort, så skulle de vara utan synd. Men nu har de sett dem, och de har hatat både mig och min Far. Så skulle ordet uppfyllas som står skrivet i deras lag: De har hatat mig utan orsak." (15:21-25)

Fariséerna och översteprästerna hävdade att de verkligen studerade och höll Bibelns ord – samma Bibel som profeterade om Jesus Frälsaren, som skulle bli den som frälste mänskligheten. Men dessa människor hamnade till slut under Satans kontroll och spikade fast Jesus vid korset. De proklamerade att de tjänade Gud och skröt om deras kunskap i lagen. Men utan att ha kultiverat sina hjärtan med sanningen, dödade de Messias som de hade väntat på så länge. Dessa människor fortsatte sedan på sina egna vägar när de även förföljde lärjungarna som vittnade om Jesu uppståndelse. Det blev som det står skrivet, "Allt detta kommer de att göra mot er för mitt namns skull."

Så varför hävdade människorna att de trodde på Gud men ändå slutade med att vara fientliga mot Honom? Det var för att de inte kände Guds hjärta, kärlek, vilja eller försyn med att sända Jesus till denna värld. De var så besatta av lagen och deras självrättfärdighet att de lade till sina köttsliga tankar i allt de gjorde, och såg allt utifrån samma perspektiv. Det är inte så konstigt att handlingarna de gjorde var långt från att visa Guds kärlek.

Om Jesus inte hade delat livets ord med människor som fariséerna, sadducéerna och översteprästerna, och om "tecken" inte hade bekräftat Hans ord, skulle de inte ha begått den onda handlingen av att döma, fördöma och förfölja Jesus. Men eftersom Jesus, som är Ljuset, sken med Guds ord, blev deras mörka och onda vägar avslöjade. De hade ingen ursäkt för sina synder.

Att hata Jesus är detsamma som att hata Gud. Om någon verkligen tror på Gud borde han kunna känna igen Jesus, som blev sänd till den här världen av Gud. Och som Jesus sade, "Men nu har de sett... mig och min Far" visade Jesus dem Gud genom de tecken Han gjorde.

Men de dömde Jesu varje rörelse utifrån sina traditioner och var på kollisionskurs med sina köttsliga tankar, för att finna fel på Honom. De vägrade inte bara tro på Honom, de hatade och avskydde Honom också. Därför kan vi inte säga att de är utan synd. De faktum att de avskydde Jesus på grund av sina köttsliga tankar är bevis nog på att de inte bara hatade Jesus utan också Gud som hade sänt Honom.

När det gällde deras handlingar sade Jesus att det uppfylldes som stod i Skrifterna att många skulle hata Honom utan anledning (Psaltaren 35:19, 69:4). Av det kan vi lära oss att varje ord från Gud blir uppfyllt utan fel, och att vi ska tro på Hans Ord från vårt hjärtas centrum. Vi ska sträva efter att utrusta oss själva med Guds Ord; inte bara att samla på oss huvudkunskap, som fariséerna gjorde, utan kultivera våra hjärtan med sanningen.

"Men när Hjälparen kommer som jag ska sända er från Fadern, sanningens Ande som utgår från Fadern, då ska han vittna om mig. Också ni ska vittna, eftersom ni har varit med mig ända från början." (15:26-27)

Detta avsnitt handlar om det som den Helige Ande skulle göra. Den Helige Ande kom efter att Jesus hade dött på korset och fullbordat det Han var kallad att göra. Den Helige Ande, eller Hjälparen, vittnar om vem Jesus är. Genom att sprida sanningen att Jesus är Frälsare, leder Han många människor på vägen till frälsningen.

Det var 10 dagar efter att Jesus hade uppstigit till himlen som den Helige Ande kom över de som trodde på Jesu löfte och som var samlade tillsammans för att be. Jesu lärjungar tog emot den Helige Ande och började leva liv som var helt annorlunda mot förut. Precis som Jesus sade, "Också ni ska vittna, eftersom ni har varit med mig ända från början" tog de, med den Helige Andes kraft, deras kallelse som sanna vittnen på allvar. Jesus visste att den Helige Andes gärningar skulle börja ske, och Han visste också vilken slags tjänst lärjungarna skulle bedriva. Jesus berättade om dessa framtida händelser för sina lärjungar eftersom Han ville att Hans lärjungar skulle ta emot den Helige Ande och fullborda deras kallelse som Hans vittnen på ett utmärkt sätt.

Chapter 16

Hjälparen, den Helige Ande

1. Den Helige Andes ankomst och tjänst
(16:1-15)

2. Profetian om Jesu död och uppståndelse
(16:16-24)

3. Jesus, som vann seger över världen
(16:25-33)

Den Helige Andes ankomst och tjänst

Efter att ha avslutat påskmåltiden, tröstat lärjungarna och gett dem fler lektioner, började Jesus undervisa om den Helige Andes verk. Han berättade för dem om den Helige Ande som skulle övertyga och tillrättavisa världen om synd, rättfärdighet och dom. Han skulle inte bara leda lärjungarna till sanningens väg; Han skulle också låta dem få veta vad som skulle ske i framtiden.

Hur Jesus kände det i sitt hjärta när Han berättade för sina lärjungar om kommande händelser

"Detta har jag sagt er för att ni inte ska komma på fall. De kommer att utesluta er ur synagogorna, och det kommer en tid när den som dödar er ska tro att han tjänar Gud. Det kommer de att göra därför att de varken känner Fadern eller mig. Men jag har sagt det till er för att ni, när deras tid kommer, ska minnas att jag sade det till er. Jag sade det inte till er från början, för då var jag hos er." (16:1-4)

Jesus avslöjade först varför Han berättade för lärjungarna om sådant som skulle komma. Han ville inte att någon av dem skulle bli modfällda och ge upp sin tro när Jesus tog på sig korset eller när de fick utstå lidanden. Från Guds perspektiv var Jesu lidande tillåtet av Honom för att mänskligheten skulle frälsas; det var inte alls på att Jesus saknade någon makt. Eftersom det var tillåtet i Guds försyn för mänsklighetens frälsning, var det möjligt för de onda att förfölja Honom.

De onda människorna visste inte att Gud tillät Jesus att lida och dö på korset så att Han skulle kunna uppfylla en av kvalifikationerna för att bli Frälsaren. De trodde helt enkelt att de dödade Jesus med deras egen kraft och makt. Dessutom ansåg de att Jesu ord var hädelse mot Gud; så de trodde att det var deras uppgift inför Gud att döda Jesus. Därför sade Jesus än en gång till dem varför Han berättade för dem om vad som skulle ske framöver.

"Men jag har sagt det till er för att ni, när deras tid kommer, ska minnas att jag sade det till er. Jag sade det inte till er från början, för då var jag hos er."

Detta visar hur exakt och tidsenlig Jesus var, med allt Han sade och gjorde. Om Jesus hade berättat det här för dem från början, att Han skulle behöva ta på sig korset och allt som skulle hända efter det, skulle lärjungarna förmodligen haft svårt att få sann tro. De behövde klara av de kommande prövningarna med deras egen tro för att deras tro skulle kunna anses vara sann tro. Precis som ett prov inte kan bli en bra utvärdering om svaret redan har getts, spelar det ingen roll hur mycket Jesus älskade sina lärjungar, Han var tvungen att låta dem gå igenom deras egna prov på ett rättvist sätt. Det var därför Jesus väntade tålmodigt tills efter att Judas Iskariot hade gått iväg för att lämna över Honom till myndigheterna innan Han berättade allt detta för de lärjungar som var kvar.

"Det är för ert bästa som jag går bort"

"Nu går jag till honom som har sänt mig, och ingen av er frågar mig: Vart går du? Men när jag nu har sagt er detta, är era hjärtan fyllda av sorg. Men jag säger er sanningen: Det är för ert bästa som jag går bort. För om jag inte går bort, kommer inte Hjälparen till er. Men när jag går bort ska jag sända honom till er." (16:5-7)

Efter att Jesus hade berättat för dem att Han skulle gå bort, blev lärjungarna oroliga och upprörda. Men inte en enda av dem frågade vart Han skulle gå. Medan de varit med Jesus och sett Guds verk hade deras hjärtan varit fasta och frimodiga. Då kändes det som att de hade tro, och de trodde de förstod alla ord Jesus sade. Men nu när de hade fått höra att Jesus skulle gå bort, blev deras hjärtan fyllda med sorg.

Därför sade Jesus till de oroliga lärjungar hur bra det skulle bli när den Helige Ande skulle komma. Han sade till dem att om Han inte gick bort skulle inte Hjälparen kunna komma; och därför var det bättre för dem att Han gick bort. Så fort lärjungarna skulle ta emot den Helige Ande skulle de förstå Guds kärlek i det att Han uppfyllde frälsningens försyn genom att sända sin Enfödde Son till den här världen. Jesus tröstade sina lärjungar och gav dem hopp när Han förklarade att så fort de tagit emot den Helige Ande skulle de få kraft genom Guds stora kärlek, och på så sätt få en stark grund för sann tro.

Vår Hjälpare, den Helige Andes gärningar

"Och när han kommer ska han överbevisa världen om synd och rättfärdighet och dom. Om synd: de tror inte på mig. Om rättfärdighet: jag går till Fadern och ni ser mig inte längre. Om dom: denna världens furste är dömd. Jag har mycket mer att säga er, men ni kan inte bära det nu." (16:8-12)

Jesus berättade för lärjungarna vad den Helige Ande skulle göra, vad Han skulle utföra när Han kommer. Han förklarade att den Helige Ande skulle överbevisa världen om synd, rättfärdighet och dom, och ringa i larmklockan så att alla skulle kunna höra.

"Om synd: de tror inte på mig"
När Jesus sade detta menade Han att när vi tar emot den

Helige Ande kommer vi förstå att vi är syndare, och att Jesus dog för att frälsa oss från synd. Och med den Helige Andes hjälp kommer vi förstå Guds stora kärlek som fick Honom att ge upp sin Enfödde Son. Och till slut kommer vi bli överbevisade om att det är en synd att inte känna Gud, och därför omvända oss.

Jesus fortsatte med att säga, "Om rättfärdighet: jag går till Fadern och ni ser mig inte längre." Efter att ha dött på korset, uppstod Jesus och gick till Gud Fadern. I Romarbrevet 5:18 står det, *"Alltså: liksom en endas fall ledde till fördömelse för alla människor, så har en endas rättfärdighet lett till ett frikännande, till liv för alla människor."* När vi tar emot den Helige Ande kan vi tro på Jesus som "en endas rättfärdighet", vilket är frälsningens försyn genom korset. Gud erkänner de som tror på detta som "rättfärdiga."

Om vi verkligen tror att Jesus dog på korset för oss kommer vi verkligen kunna bevara Guds Ord; och efter hur mycket vi lever efter Hans Ord, blir vi ett med Herren. Det är därför Gud erkänner oss som rättfärdiga. Eftersom vi har blivit kallade rättfärdiga genom Herrens nåd kommer vi därför, om vi bevarar Guds Ord med sann tro och lever i enlighet med det, göra oss av med ondskan från våra hjärtan och bli helgade. Det är för att den Helige Ande leder Guds barn på sanningens väg så att de kan bli rättfärdiga människor.

Till sist sade Jesus, "Om dom: denna världens furste är dömd." Här handlar "denna världens furste" om fienden djävulen och Satan. Vad Jesus menade med det här är att den Helige Ande kommer hjälpa oss att veta att fienden djävulen

Hjälparen, den Helige Ande

och Satan redan har fått domen.

Allt sedan Adam och Eva föll för Satans frestelse och begick olydnadens synd mot Guds Ord, har deras efterkommande blivit slavar till synden; och eftersom den andliga lagen säger att syndens lön är döden, började de gå på dödens väg. Men så kom fienden Satan, som genom att döda Jesus, bröt han mot den andliga lagen eftersom Jesus inte hade någon synd. Därför har döden inte längre någon makt över de som tror på Jesus Kristus. Det är därför det står, *"Livets Andes lag har i Kristus Jesus gjort mig fri från syndens och dödens lag"* i Romarbrevet 8:2.

Så den Helige Ande hjälper oss att veta att fienden djävulen och Satan har blivit dömda; vilket betyder att de inte kan leda de som tror på Kristus till döden. "Denna världens furste är dömd" betyder också att fienden djävulen och Satan kommer ta emot evig dom vid domens dag vid den stora vita tronen. Lärjungarna kunde givetvis inte förstå allt detta då; men, när den Helige Ande skulle komma, skulle de komma ihåg alla Jesu ord och förstå vartenda ett av dem.

När sanningens Ande kommer

"Jag har mycket mer att säga er, men ni kan inte bära det nu. Men när han kommer, sanningens Ande, då ska han leda er in i hela sanningen. Han ska inte tala av sig själv utan bara tala det han hör, och han ska förkunna för er vad som kommer att ske. Han ska förhärliga mig, för han ska ta av det som är mitt och förkunna för er. Allt som Fadern har är mitt. Därför sade jag att han ska ta av det som är mitt och förkunna för er." (16:13-15)

Jesus fortsatte att undervisa lärjungarna om den Helige Andes tjänst. Han kallade Honom för "sanningens Ande" och sade, "Han [ska] leda er in i hela sanningen." Det är för att den Helige Ande är ett med Gud i hjärtat och leder oss in i sanningen. När den Helige Ande kommer ger Han oss nåden att bryta loss våra köttsliga tankar och ger oss mer kraft att förstå djupet i Guds hjärta (1 Korintierbrevet 2:10). Han kommer aldrig heller att tala av sig själv, utan bara tala det Han hör och låta oss få veta vad som ska ske. Han talar bara i enlighet med Guds vilja.

"Han ska förhärliga mig, för Han ska ta av det som är mitt och förkunna för er. Allt som Fadern har är mitt."

Här kan vi se att Jesus, den Helige Ande, och Gud är fullkomligt ett. Jesu hjärta är den Helige Andes hjärta, och den Helige Andes hjärta är Jesu hjärta. I sitt ursprung är de ett, men för försynen med kultiveringen av människan tog de sig olika roller.

Vad den Helige Ande säger är vad Jesus säger, och Jesu ord är Guds Ord. När den Helige Ande därför kommer talar Han om Jesus, och när kraftfulla gärningar sker i Jesu Kristi namn, blir Gud förhärligad; men Gud delar denna härlighet med Herren Jesus och den Helige Ande.

Profetian om Jesu död och uppståndelse

Jesus visade inte bara mängder av bevis för lärjungarna så att de skulle kunna tro, Han berättade också för dem som sådant som ska ske i framtiden. Han berättade för dem hur Judas Iskariot skulle sälja Honom, hur Han skulle bli gripen av judarna när Han gick upp till Jerusalem, och hur Han skulle dö på korset och komma tillbaka till livet på den tredje dagen. Men inte ens efter att ha hört dessa ord kunde lärjungarna förstå.

Lärjungarna kunde inte förstå det andliga budskapet

"'En kort tid och ni ser mig inte längre, ännu en kort tid och ni kommer att se mig.' Några av hans lärjungar sade då till varandra: 'Vad menar han när han säger till oss: En kort tid och ni ser mig inte längre, ännu en kort tid och ni kommer att se mig? Och att han går till Fadern?' De frågade: 'Vad menar han med en kort tid? Vi förstår inte vad han säger.' Jesus märkte att de ville fråga honom, och han sade till dem: 'Ni frågar varandra om det jag sade: En kort tid och ni ser mig inte, ännu en kort tid och ni kommer att se mig.'" (16:16-19)

När Jesus hade fullbordat sitt uppdrag och uppstigit till himlen skulle Han inte längre att vara med lärjungarna. Det var därför Han sade, "En kort tid och ni ser mig inte längre." Men när den Helige Ande – som är ett med Jesus – kommer, ska de kunna mötas igen. Vid den här tiden kunde lärjungarna inte förstå hur den Helige Andes ankomst skulle innebära att de skulle kunna vara med Jesus igen.

Jesus visste att lärjungarna inte skulle förstå, men anledningen till att Han sade så var för att Han visste att den Helige Ande senare skulle komma över dem, och då skulle de förstå den andliga innebörden av Hans ord och ge sina liv till arbete för Guds rike. Efter att de tagit emot den Helige Ande blev lärjungarna i själva verket totalt förvandlade, och de offrade hela sina liv till att sprida evangeliet om Jesus Kristus. Och de flesta av dem blev till och med martyrer för sakens skull. Men när de hörde dessa ord från Jesus hade de ännu inte tagit emot den Helige Ande, och därför var de väldigt förvirrade.

"Vad menar han med en kort tid? Vi förstår inte vad han säger." Jesus visste exakt vad lärjungarna frågade varandra och sade, "Ni frågar varandra om det jag sade: En kort tid och ni ser mig inte, ännu en kort tid och ni kommer att se mig."

Jesus använde orden "En kort tid" för att förklara om det som skulle ske i framtiden. Men lärjungarna var begränsade av sina köttsliga tankar och försökte ge dessa ord en sekulär definition. När Jesus sade, "En kort tid och ni kommer att se mig" var den andliga betydelsen av dessa ord att när den Helige Ande kommer, skulle de kunna se Jesus eftersom Jesus och den Helige Ande är ett; men det betyder också att Jesus kommer att uppstå efter tre dagar och fysiskt uppenbara sig för lärjungarna.

I 1 Korintierbrevet 15:4-6 står det att *"... att han [Jesus] blev begravd, att han uppstod på tredje dagen enligt Skrifterna och att han visade sig för Kefas och sedan för de tolv. Därefter visade han sig för mer än femhundra bröder på samma gång. De flesta av dem lever än, även om några har insomnat."*

"Er sorg ska vändas i glädje"

"Jag säger er sanningen: Ni kommer att gråta och jämra er, men världen ska glädja sig. Ni kommer att sörja, men er sorg ska vändas i glädje. När en kvinna ska föda har hon det svårt, för hennes stund har kommit. Men när hon har fött barnet, minns hon inte längre smärtan i sin glädje över att en människa är född till världen. Nu har ni också det svårt, men jag ska se er igen. Då ska era hjärtan glädjas, och ingen ska ta er glädje ifrån er." (16:20-22)

Eftersom Jesus sade, "Jag går bort. En kort tid kommer ni inte att se mig" kände lärjungarna som att världen rasade samman för dem. Jesus visste vad som fanns i deras hjärtan och sade, "Ni kommer att gråta och jämra er, men världen ska glädja sig. Ni kommer att sörja, men er sorg ska vändas i glädje." Här kan vi se skillnaden mellan att förstå vad som ska ske med köttsliga ögon, och se samma situation med andliga ögon. Låt oss ta Jesu lidande som exempel. När vi ser på och förstår den händelsen med andliga ögon, vet vi att det är något vi ska vara glada över. Men när vi ser på samma händelse med köttsliga ögon är det en väldigt tragisk händelse, och för lärjungarna var det här en oerhörd tragedi. Det var därför Jesus sade, "Ni kommer att gråta och jämra er." Men Han lade också till, "Men världen ska glädja sig." Vad betyder det här?

Här handlar "världen" om mänskligheten som blev slavar till fienden djävulen på grund av förbannelsen de fick genom synden. Genom Adams synd fick alla hans efterkommande förbannelsen: *"syndens lön är döden"* (Romarbrevet 6:23) över sig. Men Jesus återlöste hela mänskligheten från deras synder, förgjorde fienden djävulen och Satans makt över döden, och öppnade upp vägen till evigt liv. Varför ska man inte vara glad över det?

När lärjungarna väl tagit emot den Helige Ande, kunde de tydligt förstå Guds försyn. Det var därför Jesus sade, "Ni kommer att sörja, men er sorg ska vändas i glädje." Sedan använde Han denna illustration, "När en kvinna ska föda har hon det svårt, för hennes stund har kommit. Men när hon har fött barnet, minns hon inte längre smärtan i sin glädje över att en människa är född till världen." När tiden är inne för en kvinna att föda, går hon igenom mycket smärta. Men i den stund hon håller sitt barn i sina armar, glömmer hon bort all smärta hon hade eftersom barnet är så dyrbart och älskvärt. Jesus sade vidare, "Men jag ska se er igen. Då ska era hjärtan glädjas, och ingen ska ta er glädje ifrån er." När Jesus sade, "Jag ska ser er igen" till sina lärjungar, menade Han det faktum att de verkligen skulle se Honom igen, i egen hög person, efter Hans uppståndelse och det faktum att de senare skulle ta emot den Helige Ande. Han förklarade att när de väl hade sett den uppståndne Jesus och tagit emot den Helige Ande i deras hjärtan, skulle de bli fyllda av glädje. Denna glädje kommer från den sanna frid och tro som kommer från Gud, och därför kan ingen ta ifrån dem denna glädje. Jesus talade upprepande om denna sanning för lärjungarna, vilket visar på Hans oböjliga beslutsamhet att verkligen fullborda uppdraget med frälsningens försyn genom korset. Oavsett hur mycket fienden djävulen och Satan försökte påverka med alla slags onda planer och deltagande, skulle frälsningen genom korset fullbordas och Jesus skulle uppstå och övervinna döden mitt i Guds oerhörda vishet.

Be i Jesu Kristi namn

"Den dagen kommer ni inte att fråga mig om något. Jag säger er sanningen: Vad ni ber Fadern om i mitt namn, det ska han ge er. Hittills har ni inte bett om något i mitt namn. Be och ni ska få, så att er glädje blir fullkomlig." (16:23-24)

Här handlar "den dagen" om tiden efter att lärjungarna tagit emot den Helige Ande. När den Helige Ande bor i någons hjärta hjälper Han den personen att komma ihåg Jesu ord och hjälper honom förstå vad orden betyder. På grund av den Helige Ande kan vi nu förstå sådant vi annars inte hade kunnat förstå på egen hand, och vi kan bli upplysta om allt möjligt som vi kanske hade frågor om förut. Vi kan också känna Guds kärlek och till och med förstå Hans förundransvärda försyn.

"Jag säger er sanningen: Vad ni ber Fadern om i mitt namn, det ska han ge er. Hittills har ni inte bett om något i mitt namn. Be och ni ska få, så att er glädje blir fullkomlig."

Vad kan vi lära oss från den här versen? Först lär vi oss att det finns en stor kraft i namnet Jesus Kristus. Eftersom Gud har sådant behag till Jesus för att Han uppfyllde sin kallelse som Frälsaren, svarar Gud på allas böner som ber i Hans namn.

Men det finns en skillnad i kraften när vi ber i namnet "Jesus" och när vi ber i namnet "Jesus Kristus." Som det står i Matteus 1:21 betyder "Jesus" *"Han ska frälsa sitt folk från deras synder."* Jesus betyder därför inte "Han som frälste" i imperfekt, utan "Han som kommer frälsa" i futurum. Å andra sidan betyder "Kristus" "den Smorde", vilket inbegriper, "den som skapar frid mellan Gud och människan, Frälsare, Medlaren." Så namnet "Jesus Kristus" bär i sin betydelse innebörden "Jesus fullbordade och uppfyllde sin kallelse som Frälsaren."

Därför är det när vi ber i "Jesu Kristi" namn som vi får uppleva kraften, inte när vi ber i "Jesu" namn. Jesus kom in i den här världen i enlighet med Guds vilja, och Han ödmjukade sig själv och underordnade sig ända till döden på korset. Och eftersom Gud hade stort behag till att Jesus gjorde allt med svaret "Ja" och "Amen" svarar Han glatt när någon ber i Jesu Kristi namn.

Härnäst kan vi också lära oss skillnaden mellan andliga tankar och köttsliga tankar. Från lärjungarnas perspektiv var Jesu fruktansvärda död på korset en mycket smärtfylld och sorgesam händelse. Men genom försynen med korset förvandlades förbannelsen som hade kommit över mänskligheten till en välsignelse, och nu, med kraften i namnet Jesus Kristus, kan vi enkelt besegra fienden djävulen och Satan! Så ur ett andligt perspektiv var detta snarare en glädjefylld händelse.

Genom den här versen kan vi till slut känna den mjuka och genomgående kärleken hos Jesus. Innan Jesus tog på sig korset berättade Han för lärjungarna om sin död, uppståndelse, uppstigning, och att den Helige Ande skulle komma, allt för att hjälpa dem att förbereda sig för det som skulle komma. Även om de inte riktigt förstod det då, ville Han se till att de i framtiden skulle förstå Guds fullständiga plan och försyn och komma till en punkt där de offrade sina liv för att fullgöra sina kallelser. Lärjungarna skulle hela tiden bli påminda om denna kärlek från Herren, så att de inte skulle bli förtvivlade utan vinna seger i alla slags förföljelser.

Jesus, som vann seger över världen

I de fyra evangelierna finns det framför allt många liknelser. Där finns liknelsen om såningsmannen, liknelsen om talenterna, liknelsen om den förlorade sonen, liknelsen om vinodlaren, liknelsen om vinstocken och grenarna, liknelsen om senapsfröet, osv. En liknelse använder vardagliga ting som människor möter för att kunna förmedla en betydelse eller en lektion på ett lätt sätt för att folket ska förstå, och det har också effekten av att inte direkt avslöja intentionen eller motiveringen med att personen berättar liknelsen.

Jesus sade till exempel till människorna att Han skulle förgöra templet och sedan bygga upp det på tre dagar. Han använde en liknelse för att berätta för dem om Hans död och uppståndelse. Orsaken till att Jesus använde liknelser när Han talade var inte bara för att är svårt att förklara den andliga världen med språket i denna värld; men det är också svårt att förstå andliga ting endast med mänsklig kunskap.

Det kommer en tid då jag öppet ska förkunna för er

"Detta har jag talat till er i liknelser. Men det kommer en tid när jag inte längre ska tala till er i liknelser, utan öppet förkunna för er om Fadern. Den dagen ska ni be i mitt namn. Jag säger inte att jag ska be till Fadern för er. Fadern själv älskar er, för ni har älskat mig och tror att jag har utgått från Gud." (16:25-27)

Jesus hade fram till nu, av omtänksamhet för sina lärjungar som inte tydligt kunde förstå den andliga världen, använt sig av olika liknelser för att hjälpa dem att förstå. Men det finns en gräns för hur mycket man kan förklara den oändliga och enorma andliga värld genom att använda illustrationer från sådant som finns i den här världen. Det var därför Jesus sade, "Det kommer en tid när jag inte längre ska tala till er i liknelser, utan öppet förkunna för er om Fadern. Här handlar "en tid" om då den Helige Ande skulle komma.

Vid den tiden kunde lärjungarna inte förstå varför Jesus måste ta på sig korset och hur Gud kunde bli förhärligad; även fast Jesus förklarade det för dem i liknelser. Men när den Helige Ande senare undervisade dem om detta skulle de förstå helt och hållet.

Och med all säkerhet förstod lärjungarna Guds försyn efter att Jesus hade uppstått och uppstigit och när de hade tagit emot den Helige Ande. Med ett förflutet som fiskare hade Petrus väldigt lite utbildning, men efter att han hade tagit emot den Helige Ande kunde han frimodigt tala utan att tveka, om den sanna betydelsen av Guds Ord som finns i lagarna (Apostlagärningar kapitel 3). Eftersom det var den Helige Ande som hade undervisat honon, Han som till och med förstår djupen i Guds hjärta, universums Skapare, var Petrus inte begränsad av någonting.

Till råga på det skulle Guds kraft manifesteras, som Jesus hade sagt, "Den dagen ska ni be i mitt namn" när lärjungarna bad om något i Jesu Kristi namn. I Apostlagärningarna 3:6 ser vi att Petrus säger till en förlamad tiggare, *"Silver och guld har jag inte, men vad jag har, det ger jag dig. I Jesu Kristi nasaréns namn: res dig och gå!"* I den stunden kom styrka in i den förlamade tiggarens fötter och vrister och han började gå och hoppa omkring och prisa Gud.

Anledningen till att våra böner blir besvarade när vi ber i namnet Jesus Kristus är för att Gud har stort behag till det namnet; men det är också för att Han har behag till den tro vi visar när vi tror på Hans namn som gör att vi söker Hans namn. Denna handling visar Gud att vi erkänner och har tro till det faktum att Han sände sin Enfödde Son Jesus till denna värld, och det visar Honom också att vi erkänner och har tro till det faktum att allt Jesus Kristus gjorde, inklusive Hans död på korset, uppståndelse, och uppstigning, var delar av Guds plan och försyn.

När Jesus sade, "Ni har älskat mig och trott att jag har utgått från Gud." Jesus talade om att ha tro på att Jesus – som i sitt ursprung är ett med Gud – är den ende Sonen som kom in i den här världen i köttet. När vi älskar Jesus och vi litar på Hans namn när vi ber, ser Gud det som tro och svarar oss. Och givetvis tar de som älskar Sonen som Han har sänt, och de som lyder Hans Sons ord, emot Guds kärlek!

> "'Jag har utgått från Fadern och kommit till världen. Nu lämnar jag världen och går till Fadern.' Då sade hans lärjungar: 'Nu talar du öppet och inte i liknelser! Nu vet vi att du vet allt och inte är beroende av att någon frågar dig. Därför tror vi att du har utgått från Gud.'" (16:28-30)

När det kom närmare den tid då Han skulle ta på sig korset, uttryckte Han tydligt vem Han var – inte bara vem Han var från början, utan hur Han handlade i enlighet med Guds försyn, och vad som skulle ske härnäst. Han ville att lärjungarna skulle få det inpräntat i sina hjärtan vad de talade om den natten, och aldrig glömma bort det.

Jesus såg inte bara lärjungarna för vad de var på den tiden. Eftersom Han såg hur de skulle bli efter deras förvandling, ville Han ge dem ord av kärlek, uppmuntran och hopp som skulle vara ända till slutet (Lukas 22:28-32). Det är då lärjungarna kommer med sin trosbekännelse. Eftersom Jesus talade till dem med en sådan kärlek och passion kunde de utifrån sina hjärtan, trots att de ännu inte hade fullkomlig tro, erkänna och med sina läppar bekänna deras tro.

"Var frimodiga; jag har övervunnit världen"

"Jesus svarade: 'Nu tror ni. Men det kommer en tid, och den är redan här, när ni ska skingras var och en åt sitt håll och lämna mig ensam. Men jag är inte ensam, för Fadern är med mig. Detta har jag sagt er för att ni ska ha frid i mig. I världen får ni lida, men var frimodiga: jag har övervunnit världen.'" (16:31-33)

Till lärjungarna som försökte bekänna med tro sade Jesus än en gång, "Nu tror ni."

Jesus såg rakt in i deras hjärtan. Han berättade för dem vad som skulle ske när Han tog lidandet på sig. Men Han berättade inte detta för att tillrättavisa dem för att de inte skulle kunna kämpa och för att de inte skulle kunna övervinna fruktan utan istället fly bort från deras lärare. Han ville att de skulle veta att även fast de lämnade, skulle Han aldrig vara ensam eftersom Han i anden skulle vara med Gud.

Men allt detta var delar av Guds plan och försyn, även om alla lämnade och Han blev ensam sade Jesus att även det var en del av Hans ansvar.

Även fast de hade tillbringat så mycket tid med Jesus och de kände sanningen i sina hjärta, kunde lärjungarna på grund av deras köttsliga tankar inte ha fullkomlig tro. Det var därför de alla var ångestfyllda. Särskilt Petrus, som i Matteus 16:16 hade bekänt, *"Du är Messias, den levande Gudens Son"* han förnekade till slut Jesus tre gånger. Så oerhört känslomässigt svårt tror du att han hade det?

Denna ångest som lärjungarna kände på grund av deras

oförmåga att ha fullkomlig tro, vad den som Jesus talade om när Han sade, "I världen får ni lida." Han sade också detta för att ge en förhandsbild av vilka förföljelser och alla slags svårigheter som lärjungarna skulle möta senare när de skulle gå runt och predika om Jesus Kristus. Men, när man får ta emot förföljelser för namnet Jesus Kristus ses det som en belöning andligt sett; och i himlen, är det något som ger beröm och ära.

Jesu lärjungar fick inte möta lidande för att Gud inte har makt; prövningarna och lidandet var en del av Guds försyn som skedde mitt i Guds fullkomliga kärlek och rättvisa. Det var därför Jesus sade, "Var frimodiga: Jag har övervunnit världen."

Jesus dog verkligen på korset, segrade över döden, uppstod och blev den sanna Frälsaren. Så efter hur mycket vi är ett med Jesus i tro, så mycket kan vi ha seger i den här världen genom Hans namn. När vi har andlig tro kan vi förgöra fienden djävulens och Satans starka fästen och frimodigt predika om Guds härlighet.

Kapitel 17

Jesu förbön

1. En bön för att ta på sig korset
   (17:1-5)

2. En bön för lärjungarna
   (17:6-19)

3. En bön för de troende
   (17:20-26)

En bön för att ta på sig korset

Liksom Guds Ord är livets bröd, är bön andens andetag. Till och med Jesus lyfte upp många böner medan Han var här på jorden. Han hade som vana att gå upp på Oljeberget för att be. Han sökte sig också till stilla platser som örtagården Getsemane för att be. Han bad vid Jordanfloden, Han bad till och med på korset. Och just innan Hans lidande på korset bad Han så enträget att Hans svett var som blodsdroppar (Lukas 22:44).

Just innan Han arresterades av soldaterna som utsända av översteprästerna och fariséerna, bad Jesus en väldigt enträgen bön till Gud. Även fast Han är Guds Son, gav Jesus oss en förebild för bön i enlighet med orden *"Be och du ska få"* (Matteus 7:7).

Jesus såg härligheten komma

"När Jesus hade sagt detta, lyfte han blicken mot himlen och bad: 'Far, stunden har kommit. Förhärliga din Son, så att Sonen kan förhärliga dig.'" (17:1)

Efter att ha tröstat sina lärjungar visste Jesus att det var dags för Honom att uppfylla sin kallelse som Frälsaren. Men i stället för att tänka på det lidande Han snart skulle möta, såg Han härligheten som skulle komma efter lidandet. Det hade ingen betydelse vilket lidande Han skulle få möta, Han var säker på vilken härlighet som skulle komma efter det. Och Han visste att Hans död på korset inte var ett resultat av någon människas tankar eller planer utan en del av Guds försyn.

När Jesus bad, "Far, stunden har kommit. Förhärliga din Son", sade Han, "Nu är det dags. Låt mig gripas av människor och bli fastspikad vid korset." Flera gånger fram till denna stund hade fienden djävulen och Satan uppeggat människor som försökt att döda Jesus, men det var ännu inte tid, därför lät Gud inte det ske. Men nu var stunden inne.

Avrättningen på korset såg avskräckande ut för det fysiska ögat, men Jesus visste att det var vägen till härlighet. Efter att Han tillintetgjort dödens makt, uppstått och fullbordat sin kallelse som Frälsaren, skulle Han ta emot den andliga hedern och härligheten av att bli konungarnas Konung och herrarnas Herre. Så när Jesus bad, "Förhärliga din Son, så att Sonen kan förhärliga dig" sade Han att Han lyfter upp all ära till Gud som Han kommer ta emot efter sitt lidande på korset. Dessa ord var också ett uttryck för Jesu kärlek till Gud då Han visade sin längtan efter att ära Gud genom att troget uppfylla sin kallelse som Frälsaren.

"Du har gett honom makt över alla människor, för att han ska ge evigt liv åt alla dem som du har gett honom. Och detta är det eviga livet: att de känner dig, den ende sanne Guden, och den som du har sänt, Jesus Kristus." (17:2-3)

Hurdan härlighet skulle Gud och Jesus ta emot efter lidandet på korset? Genom att sända sin Enfödde Son Jesus till denna värld och låta Honom dö på korset, skulle Gud ta emot mängder av barn med tro. Och efter det gav Han *"honom [Jesus] namnet över alla namn"* och gav sin Son den högsta auktoriteten över allting (Filipperbrevet 2:9-11).

Gud gav från början denna auktoritet till den första människan Adam. Men som ett resultat av att Adam tog och åt av frukten från trädet med kunskap om gott och ont, blev han en slav till synden, och lämnade över all auktoritet till fienden djävulen och Satan.

I Lukas 4:5-7 kom djävulen till Jesus när Han var färdig med sina 40 dagars fasta och visade Honom alla riken i världen. Sedan frestade han Jesus och sade, *"Dig ska jag ge all denna makt och deras härlighet, för den är överlämnad åt mig och jag ger den till vem jag vill. Så om du tillber mig, blir allt ditt."*

I enlighet med det ord som säger att du blir slav till den du lyder, kommer du bli slav till djävulen om du tillber honom

(Romarbrevet 6:16). Jesus visste vad djävulens listiga planer var och gjorde sig bestämt av med frestelsen genom att säga, *"Det står skrivet: Herren din Gud ska du tillbe, och endast honom ska du tjäna"* (Lukas 4:8).

Fienden djävulen och Satan fick makt genom att på ett listigt sätt bedra Adam och Eva. Men Jesus planerade att återta den makten genom att strikt hålla sig till den andliga lagen. Genom att offra sig själv helt och hållet återtog Han makten från djävulen.

När vi tror på denne Jesus kan vi besegra och lägga fienden djävulen och Satan under oss. Vi kan få beskydd mot frestelser och nöd, sjukdomar och olyckor. Inte bara det, vi får evigt liv, så i stället för att gå mot evig död, eller helvetet, går vi mot den eviga himlen.

Vad menas det då när Skriften säger, *"Att känna Gud och Jesus Kristus är evigt liv"*? Johannes 6:40 säger, *"Ja, detta är min Fars vilja: att var och en som ser Sonen och tror på honom ska ha evigt liv, och jag ska låta honom uppstå på den yttersta dagen."*

Gud sände sin Son till denna värld så att alla människor kan ta emot frälsning. Genom att låta Jesus – som var syndfri, och godheten och kärleken själv – bli spikad fast vid korset, gjorde Gud Honom till många människors Frälsare. Därför kan människan som rätteligen var på väg till helvetet på grund av synd, få evigt liv genom att tro på Jesus Kristus.

De människor som får frälsning genom Jesus Kristus får väldigt god kunskap i hur Gud utgöt en sådan kärlek för syndarna som inte förtjänade det. De lär känna sanningen om

Gud – inte en skrämmande Gud som dömer strikt enligt lagen – men en Gud som älskar och som offrade sin ende Son för att kunna göra en väg till frälsning för syndarna. De som därför får uppleva den sanna glädjen i frälsningen vet att det inte finns något större än Jesu Kristi nåd och Guds kärlek; och därför kallar de Gud för "Abba Fader."

"Far, förhärliga ni mig tillsammans med Dig själv"

"Jag har förhärligat dig på jorden genom att fullborda det verk som du gav mig att utföra. Far, förhärliga nu mig med den härlighet som jag hade hos dig innan världen var till." **(17:4-5)**

Jesus förhärligade Gud genom att uppfylla alla Guds planer och försyn, så Han lyfte upp en bön och bad Gud förhärliga Honom också. Jesus var från början ett med Gud innan skapelsen och den härlighet Han hade var så underbar och vacker att det inte kan uttryckas med mänskliga ord. Men för att uppfylla Guds vilja lade Han av sig den härligheten, iklädde sig köttet, och kom in i den här världen och tog döden på korset för att fullborda sin kallelse som Frälsaren.

Som det står skrivet i 1 Korintierbrevet 10:31, *"Alltså: om ni äter eller dricker eller vad ni än gör, så gör allt till Guds ära"* sökte Jesus aldrig under sin tjänst här på jorden sin egen rikedom eller berömmelse. Det enda Han sökte var att förhärliga Gud. Därför kunde Han frimodigt be, "Far, förhärliga mig tillsammans med Dig själv."

Gud vill att vi ska ära Gud i allt vi gör, som Jesus gjorde. Det är inte för att Gud vill ta emot all äran. I enlighet med den andliga lag som säger att det man sår får man skörda, vill Gud ge var och en av oss den belöning och härlighet som passar oss som Hans barn. Det var därför Jesus sade i Johannes 13:32, *"Och om Gud är förhärligad i honom ska Gud också förhärliga honom i sig själv, och han ska förhärliga honom snart."*

En bön för lärjungarna

För att kunna fullborda Guds verk hade Jesus knappt tid att vila eller sova. Ändå upphörde Han aldrig att be. Nu när det var dags för Honom att fortsätta tjänsten på korset, så mycket mer enträget Han måste ha bett! Först bad Han att Han skulle förhärliga Gud, och sedan bad Han för sina älskade lärjungar.

Jesus såg på sina lärjungar med tro

"Jag har uppenbarat ditt namn för de människor som du tog ut ur världen och gav till mig. De var dina och du gav dem till mig, och de har hållit fast vid ditt ord." (17:6)

När Jesus sade, "Jag har uppenbarat Ditt namn" menade Han att Han tänkte på Guds hjärta och vilja. Jesus var med Gud innan skapelsen, och Han skapade universum tillsammans med Gud. Så självklart kunde Han verkligen uppenbara Guds hjärta och vilja.

Jesus sade, "De var dina och du gav dem till mig, och de har hållit fast vid ditt ord." Här handlar "de" om de människor som blir kultiverade av Gud till att bli Hans sanna barn. De tillhör Gud, men Jesus sade, "Du gav dem till mig" eftersom de fick frälsning genom Honom, Jesus Kristus. Och när Jesus talade om de människor som var frälsta bekände Jesus, "... och de har hållit fast vid ditt ord." Detta betyder att de verkligen trodde på Gud och hade accepterat Jesus som deras Frälsare, därför var de kvalificerade till att bli frälsta.

Som det står skrivet i Jakobs brev 2:22, *"Du ser att hans tro samverkade med hans gärningar, och genom gärningarna blev tron fullbordad"* efterföljs sann tro av handlingar. Att de "höll Guds ord" betyder att de hade tron att bli frälsta, eller tron att handla i enlighet med Guds Ord.

"Nu har de förstått att allt som du gett mig kommer från dig, för jag har gett dem de ord som du gav till mig. De har tagit emot dem och verkligen förstått att jag har utgått från dig, och de tror att du har sänt mig." (17:7-8)

Om någon tror att Jesu kraftfulla gärningar kommer från Gud, kommer han också att tro att Jesus är Frälsaren. Liksom man kan känna igen ett träd på dess frukt, kan vi känna igen att

Gud är med den som gör tecken och under. Jesus talade med Gud om lärjungarna och andra människor som hade den här rena tron. Det betyder inte att de människorna hade fullkomlig tro vid det här laget. Det betyder att de med godhet bekände och trodde på Gud och Jesus från de allra djupaste delarna av sina hjärtan.

Därför bad Jesus att Guds barmhärtighet skulle vara med lärjungarna och de goda människorna som, även om de fortfarande var svaga, hade tro inbäddad i goda hjärtan. Jesus visste mycket väl vilken tro Hans lärjungar hade. Även fast de skulle fly i fruktan när Jesus blev gripen (Matteus 26:31) bad Jesus och såg framför sig hur de senare skulle få fullkomlig tro och förvandlas till att bli Herrens kraftfulla vittnen. Genom denna bön kan vi se Jesu sanna kärlek. Trots att Han såg 99 negativa faktorer talade Han enbart med Gud om den enda positiva faktorn Han såg.

> **"Jag ber för dem. Jag ber inte för världen utan för dem som du har gett mig, för de är dina. Allt mitt är ditt och allt ditt är mitt, och jag är förhärligad i dem."**
> **(17:9-10)**

"Världen" här handlar om fienden djävulen och Satan som står i opposition till Jesus Kristus. Kärlekens Gud sände Jesus till denna värld för att frälsa hela mänskligheten; men detta betyder inte att alla kommer att bli frälsta. En person som har ett ont hjärta och som ger kontrollen över sig själv till Satan kommer i slutet inte att bli frälst. Livets ord och evigt liv är för de som tror på Jesus som deras personlige Frälsare; och det var för dessa människor som Jesus bad till Gud för.

"Allt mitt är ditt och allt ditt är mitt" visar hur Gud och Jesus är ett (1 Korintierbrevet 8:6). Detta betyder att eftersom de Två är ett, kommer Gud också att ta emot den härlighet och det lidande som Jesus tog emot. Vidare skulle Gud också ta emot den härlighet som Jesus skulle ta emot efter att ha dött på korset, uppstått och blivit Frälsaren.

Jesus visste att genom Hans lidande på korset skulle dörren till frälsningen öppnas; och många själar skulle tro på Herren och bli Guds sanna barn. Han gjorde också denna bekännelse eftersom Han visste att dessa själar skulle ge ära till Gud, som ur sin fantastiska kärlek förberedde vägen till frälsning och till Jesus Kristus, som offrade sig själv helt och hållet för att uppfylla Guds vilja.

"Så att de är ett liksom vi är ett"

> "Jag är inte längre kvar i världen, men de är kvar i världen när jag går till dig. Helige Far, bevara dem i ditt namn som du har gett mig, så att de är ett liksom vi är ett." (17:11)

Hur kan vi helt uttrycka Jesu kärleksfulla innersta tankar för sina lärjungar? Eftersom Han var tvungen att lämna de Han älskade så mycket, bad Han, och bad Han igen till Fader Gud å deras vägnar. Jesus var på väg, men snart efter det skulle den Helige Ande som Han hade utlovat komma. Den som tror på och lyder sanningens ord som den Helige Ande lär, kan bli ett med Gud, liksom Jesus och Gud är ett.

Fram till den här punkten hade lärjungarna fått lära sig sanningen från Jesus, och när de lydde Hans ord fick de uppleva fantastiska saker (Matteus 17:27). När den Helige Ande skulle komma, skulle alla få se ännu mer fantastiska gärningar från Gud, precis som på den tiden då Jesus själv var på jorden. Och när Jesus var här, var man tvungen att vara nära Honom för att höra sanningens ord, men när den Helige Ande kommer över varje enskild person, kan vem som helst höra sanningens ord och ta emot Guds befallning, när som helst. Det var därför Jesus bad Gud om att utgjuta den Helige Ande över sina älskade lärjungar så att de framgångsrikt skulle kunna uppfylla Guds vilja.

> "Så länge jag var hos dem, bevarade jag dem i ditt namn som du gett mig. Jag vakade över dem och ingen av dem gick förlorad, ingen utom fördärvets man för att Skriften skulle uppfyllas." (17:12-13)

När Jesus sade, "bevarade jag dem i ditt namn" menade Han att Han hade brytt sig om dem med Guds hjärta och kärlek. Jesus kom in i den här världen i Guds namn. Han undervisade med auktoritet och genom att visa mirakulös kraft, ledde Han sina lärjungar till att leva i sanningen. Men det fanns undantag. Som Jesus sade, "ingen av dem gick förlorad, ingen utom fördärvets man för att Skriften skulle uppfyllas" förrådde Judas Iskariot till slut Honom och gick på dödens väg.

Men det skedde inte för att Jesus saknade kraft – det var

något som redan hade profeterats om i Bibeln. Det hände precis som det står skrivet i Psaltaren 41:10, *"Även min vän som jag litade på, han som åt mitt bröd, lyfter sin häl mot mig."* Till det yttre verkade det som att Jesus blev gripen på grund av Judas Iskariot, men allt skedde eftersom det var tillåtet av Gud.

Att Jesus tog på sig korset visar inte att fienden djävulen och Satan segrade – det visar att Guds frälsningsplan för mänskligheten fullbordades utan ett enda misstag. Det visar också på Guds omsorg för lärjungarna så att de senare inte skulle förlora styrka utan i stället känna sig glada när de fick uppleva den Helige Andes gärningar.

"Jag har gett dem ditt ord och världen har hatat dem, för de tillhör inte världen liksom inte heller jag tillhör världen." (17:14)

Orden som Jesus gav till sina lärjungar var sanningen och ljuset själv. Men världen, eller människorna som hörde till fienden djävulen och Satan, hatade Jesus som är Ljuset (Johannes 3:20). Efter att ha lyssnat till Jesu ord blev översteprästerna och fariséerna ivrigare att döda Jesus än att omvända sig (Matteus kapitel 21). Världen hatade också lärjungarna, som tillhör Ljuset, eftersom de tog emot Guds Ord från Jesus, som är Ljuset.

I Johannes 15:19 sade Jesus, *"Hade ni tillhört världen, skulle världen ha älskat er som sina egna. Men ni tillhör inte världen, utan jag har utvalt er och tagit er ut ur världen. Därför hatar världen er."* Om vi på samma sätt ser till att vi inte blir en del av den här världen, kommer vi också bli hatade av den. I Matteus 10:35-36 står det skrivet, *"Jag har kommit för att skilja en son från sin far, en dotter från sin mor och en sonhustru från sin svärmor, och var och en får sin familj till fiender."* Detta betyder att det finns tider då vi handlar i enlighet med sanningen och våra egna familjemedlemmar som inte är troende kanske inte förstår oss, och till och med börjar tycka illa om oss.

Men den som älskar Herren och känner sanningen kommer inte bli ett med världen, även om det innebär svårigheter. Om någon inte är av sanningen kommer en sann troende inte att kompromissa med honom, även om den personen är en familjemedlem. Den troende kommer inte att ta mörkret i hand. Precis som ljus och mörker inte går ihop, kan någon som älskar den här världen och det som hör till den här världen inte ha Guds kärlek i sig. Jesus berättade i detalj för lärjungarna om allt de skulle få vara med om inom den närmaste framtiden, i det att de med glädje tog upp kallelsen att bli Herrens vittnen. Än en gång lyfte Han upp en enträgen bön där Han överlämnar sina lärjungar till Gud.

"Jag ber inte att du ska ta dem ut ur världen, utan att du ska bevara dem från det onda." (17:15)

En del föräldrar överbeskyddar sina barn, som växter i ett växthus, och de uppfostrar dem till att vara beroende av andra. Men visa föräldrar utrustar sina barn med förmågan att möta svårigheter på egen hand. I stället för att fånga fisk åt dem, lär de dem hur de själva kan fånga fisk.

Guds hjärta är likadant. Han kultiverar oss så att vi kan kämpa mot det onda med det goda och bli barn som tar efter Guds avbild. Jesus kände Guds hjärta och bad inte Gud om att ta Hans lärjungar ut ur denna syndfulla värld och in i himlen; men Han bad om beskydd så att de inte skulle falla i synd. Jesus hänvisade till att lärjungarna skulle kunna leva i sanningen genom den Helige Andes kraft efter att Han hade lämnat dem.

"Helga dem i sanningen..."

"De tillhör inte världen, liksom inte heller jag tillhör världen. Helga dem i sanningen: ditt ord är sanning." (17:16-17)

Under Jesu offentliga tjänst var lärjungarna alltid med Honom och lyssnade på Hans sanna budskap och såg Hans gärningar. När de följde Jesu fotspår bevarade de sina hjärtan i sanningen och kompromissade inte med världen. Medan Jesus undervisade dem ledde Han lärjungarna med stark hand in i sanningen. Han fick dem också att sätta strikta gränser så att de inte skulle bli nertyngda av köttslig lusta eller blodsrelationer (Lukas 9:59-62).

Han gjorde det för att om någon slits mellan relationer i familjen, skolkamrater och barndomsvänner, kan man inte fatta oberoende beslut och då kan det sluta med att man kompromissar med osanningen. I Markus 10:29-30 sade Jesus, *"Jag säger er sanningen: Ingen lämnar hus eller bröder eller systrar eller mor eller far eller barn eller åkrar för min och för evangeliets skull utan att få hundrafalt igen. Här i världen får de hus, bröder, systrar, mödrar, barn och åkrar, mitt under förföljelser, och sedan i den kommande världen evigt liv."*

Men det här betyder inte att man ska bli kall och oansvarig mot sin familj. Det är enbart rätt att göra våra uppgifter och tjäna våra föräldrar. Men det betyder att bara efter att vi har korsfäst vår egen köttsliga kärlek och självviskhet helt och hållet, kan vi i sanning älska Gud först och främst, och sedan ära våra föräldrar som sanna, trofasta barn. Ett utmärkt exempel på detta är kung Asa, den tredje kungen i sydriket Juda.

Kung Asa älskade Gud och ledde en enorm religiös reformation och rensade ut avgudadyrkan. När hans mor, drottning Maaka, begick avgudadyrkan avsatte han till och med sin egen mor. Han var bekymrad över att om han bortsåg från sin mors handlingar skulle avgudadyrkan växa bland hans folk igen. Men, även fast han avsatte sin mor tjänade han förmodligen henne och hedrade henne. Och genom den erfarenheten borde Maaka ha kunnat få stor insikt och det skulle förmodligen ha gett henne en stor möjlighet att omvända sig inför Gud. Att i sanning hedra ens föräldrar gör så att deras själar leds till frälsning.

Som det står skrivet i 2 Timoteusbrevet 2:4, *"Ingen soldat trasslar in sig i civila angelägenheter, han vill stå i tjänst hos den som har värvat honom"* ska våra blodsband och fysiska band inte vara något som distraherar Guds verk. Anledningen till att Jesus ledde sina lärjungar så starkt i sanningen var för att de skulle ta ett stort ansvar i att vittna om att Jesus är Kristus. Men innan de blev kraftfulla arbetare som uppfyllde deras kallelser, ville Han först och främst att de skulle helgas i sanningen.

När Jesus bad, "Helga dem i sanningen" ville Han att de först skulle återfå Guds avbild i sig själva. Gud vill bygga sitt rike genom barn som är klädda i helighet. Som Hebreerbrevet 12:14 säger, *"Sök frid med alla och helgelse, för utan helgelse kommer ingen att se Herren"* behöver vi bli fullständigt helgade utan att ens ha någon avbild av ondska i oss för att vi ska kunna leva nära Herrens tron och dela evig lycka och glädje när vi kommer till himlen.

"Så som du har sänt mig till världen, så har jag sänt dem till världen. Och jag helgar mig för dem, för att också de ska vara helgade i sanningen." (17:18-19)

Gud sände Jesus till denna värld mitt i sin plan för mänsklighetens frälsning. Därför kom Jesus med uppdraget att bli Frälsaren. Därför hade lärjungarna som blev kvar efter Honom ett uppdrag att vara Hans vittnen. Det var därför Jesus sade, "så har jag sänt dem till världen." Men med en djupare granskning kan vi se att detta uttryck är inbäddat i Jesu uppriktiga vädjan till Fader Gud att styrka lärjungarna så att de kan vaka över sina hjärtan så att de trofast skulle kunna uppfylla deras kallelse.

Om de verkligen kände Jesu hjärta skulle lärjungarna inte ha sett deras kallelse att sprida evangeliet som en svår uppgift. Genom att tänka på den härlighet de senare skulle ta emot i himlen skulle de i själva verket fullföra kallelsen med glädje och tacksamhet. När man i församlingen frågar om någon kan ta på sig en specifik kallelse, är det en del som svarar, "Jag kan inte ta kallelsen för jag är inte kompetent nog." Men det är helt fel tankesätt. Inför Gud den Allsmäktige har människans kapacitet – stor eller liten – ingen betydelse. Det som har betydelse är vem som verkligen kan tro på Gud och ha förmågan att be så ihärdigt att han drar ner Hans kraft till jorden och får uppleva den. För att kunna uppleva den kraften måste man vara helgad. Därför måste man kultivera ett heligt hjärtan.

När vi ser på Markus kapitel 9 kan vi se att det här är sant. En dag sökte en far upp Jesus som hade en demonbesatt son. Han hade träffat lärjungarna tidigare på grund av det här problemet, men inte fått någon lösning. Eftersom lärjungarna inte var fullständigt transformerade av sanningen än, böjde sig inte demonen för deras ord. Men så snart Jesus sade, *"Du stumma och döva ande, jag befaller dig: far ut ur honom och kom aldrig mer in i honom!"* (v. 5) skrek demonen och lämnade den unge mannen. Så i den andliga världen har man kraft efter på hur helig och syndfri man är.

Det var därför Jesus bad, *"Och jag helgar mig för dem, för att också de ska vara helgade i sanningen"* för att Han längtade efter att Hans lärjungar skulle bli fullkomliga (Matteus 5:48). Men Jesus sade inte bara till sina lärjungar, *"Var heliga, var fullkomliga"* utan visade dem. I allt Han gjorde var Han en förebild för dem.

En bön för de troende

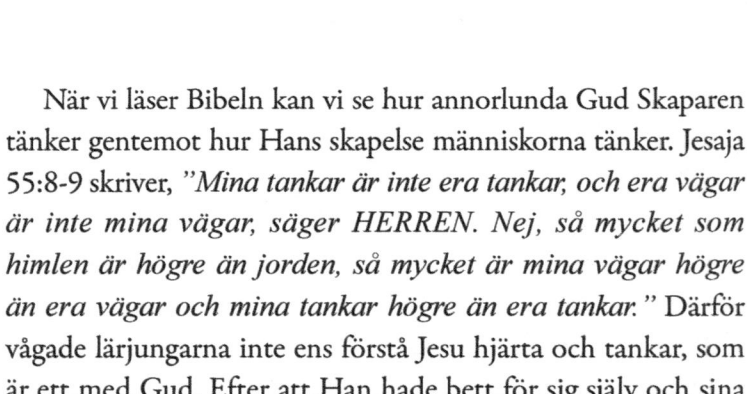

När vi läser Bibeln kan vi se hur annorlunda Gud Skaparen tänker gentemot hur Hans skapelse människorna tänker. Jesaja 55:8-9 skriver, *"Mina tankar är inte era tankar, och era vägar är inte mina vägar, säger HERREN. Nej, så mycket som himlen är högre än jorden, så mycket är mina vägar högre än era vägar och mina tankar högre än era tankar."* Därför vågade lärjungarna inte ens förstå Jesu hjärta och tankar, som är ett med Gud. Efter att Han hade bett för sig själv och sina lärjungar, bad Jesus för de många själar som skulle ta emot frälsning genom lärjungarnas tjänst. Hur kan man ens komma nära att förstå denna stora kärlek som Jesus har?

Så att världen ska förstå att du har sänt mig...

"Men jag ber inte bara för dem, utan också för dem som kommer att tro på mig genom deras ord. Jag ber att de alla ska vara ett, och att de ska vara i oss liksom du, Far, är i mig och jag i dig. Då ska världen tro att du har sänt mig." (17:20-21)

Jesus är inte bara Frälsaren för några få speciella människor. Det var därför Jesus enträget sade till lärjungarna att gå ut i hela världen och sprida evangeliet till alla människor, som det står i Markus 16:15, *"Och han sade till dem: Gå ut i hela världen och förkunna evangeliet för hela skapelsen"* och i Matteus 28:19, *"Gå därför ut och gör alla folk till lärjungar! Döp dem i Faderns och Sonens och den helige Andes namn."* Denna kallelse att sprida evangeliet var inte bara till lärjungarna. Var och en som tror på Jesus Kristus och tar emot frälsningen har en kallelse att sprida ordet om frälsningens nåd, som gavs till alla fritt och för intet.

Aposteln Paulus bekände, *"Jag har skyldigheter både mot greker och barbarer, både mot lärda och olärda. Därför är det min önskan att få predika evangeliet också för er i Rom"* (Romarbrevet 1:14-15). Precis som han bekände, arbetade han för att sprida evangeliet med hela sitt liv, eftersom han var så tacksam för den ovärderliga kärlek han hade tagit emot.

Men det betyder inte att alla hör evangeliet och tar emot frälsning. Bara de som verkligen tror från sitt hjärtas centrum att Gud har sänt Jesus in i den här världen som Frälsaren kan ta emot frälsning. Precis som Gud är i Jesus, och Jesus är i Gud, måste en person bli ett med Jesus i sanning och i ande.

Till de som tror på Jesu goda gärningar och som erkänner att Jesus är Guds Son, ger Gud dem den Helige Ande som en gåva. När någon tar emot den Helige Ande förvandlas hans kunskapsbaserade tro till slut till andlig tro. Han börjar förstå Jesu ord och börjar inse Guds sanna kärlek som var stor nog att sända sin enfödde Son in i den här världen. Och hur fort en person börjar förstå och hur effektivt han eller hon börjar leva i enlighet med Ordet beror på var och en förstås.

Efter hur stor godhet och oskuld man har i sitt hjärta och efter hur mycket man lyder den Helige Andes röst fastställer det hur fort ens andliga tillväxt blir och bestämmer när man kan nå den fulla nivån av tro, där man är ett med Herren. Det var därför Han bad att alla människor inte bara skulle ta emot frälsningen utan också bli ett med Honom i sanning och ande så att de skulle kunna nå den hela nivån av tro.

> "Och den härlighet som du gett mig har jag gett till dem, för att de ska vara ett liksom vi är ett: jag i dem och du i mig, så att de är fullkomligt förenade till ett. Då ska världen förstå att du har sänt mig, och att du har älskat dem så som du har älskat mig." (17:22-23)

Jesus gav stor ära till Gud genom att sprida evangeliet om himlen, och bekräftade sina ord med tecken. Så när Han sade, "Den härlighet som du gett mig har jag gett till dem", menade Han att Han ville att de också skulle ge ära till Gud genom att göra tecken och under.

Och Jesus bad att Hans lärjungar genom kraften i namnet

Jesus Kristus skulle kunna sprida de ord som Jesus hade lärt dem, kasta ut demoner, bota sjukdomar, och visa Guds kraft. Det blev verkligen så att lärjungarna, som senare tog emot den Helige Ande, gjorde många stora mirakler och gav ära till Gud (Apostlagärningarna 5:15-16). Så många tecken och under skedde genom dem att det står skrivet i Apostlagärningarna 2:43, *"Varje själ greps av bävan, och många under och tecken gjordes genom apostlarna."*

Jesus ville inte bara att lärjungarna, utan alla som tar emot Honom, ska göra dessa kraftfulla gärningar från Gud. Han vill att de ska kunna kasta ut demoner, tala i nya tungor, ta upp ormar med händerna, inte ens bli skadade om de dricker dödligt gift, och bota de sjuka när de lägger sina händer på dem (Markus 16:17-18).

Vår församling ger också ära till Gud genom många kraftfulla gärningar från Gud. När vi trodde på Guds kraft som det står om i Bibeln och vi bad, fick blinda sin syn, stumma talade, personer i rullstolar ställde sig upp och gick, och många människor fick uppleva att de blev botade från sjukdomar. Nerver, vävnader och celler som förstörts av brännskador återställdes och en person som hade slutat andas och vars kropp redan hade börjat bli stel, kom tillbaka till livet!

För att kunna göra sådana här gärningar från Gud måste man ha fullständig tro. Om vi har fullständig tro och Herren är i oss och vi är i Herren, finns det ingenting vi inte kan göra. Jesus sade till oss varför vi behöver bli ett med Honom.

Den som är ett med Jesus förstår Guds hjärta och försyn, som var från begynnelsen. Jesus ville att alla människor ska bli sanna Guds barn som kan förstå Faderns djupa hjärta. Till sådana människor visar Gud beviset på Hans kärlek till dem, som det står i Ordspråksboken 8:17, *"Jag älskar dem som älskar mig."*

På Moses tid när hela Egypten led av alla slags plågor, fick landet Gosen där Guds folk bodde, inte uppleva någon skada. På samma sätt är de som är ett med Herren beskyddade från fienden djävulen och Satan, och tar emot välsignelsen av god hälsa och framgång på alla områden av deras liv. Gud vill uppleva den här glädjen från många av sina barn när de blir ett med Herren.

Jesus vill dela sin härlighet i himlen

"Far, jag vill att där jag är, där ska också de som du har gett mig vara med mig. Låt dem få se min härlighet som du har gett mig, för du har älskat mig före världens skapelse. Rättfärdige Far, världen har inte lärt känna dig. Men jag känner dig, och de vet att du har sänt mig." (17:24-25)

När vi älskar Gud och tjänar Honom kommer Han inte bara välsigna våra liv på ett överflödande sätt, utan också ge oss en ofattbar ära i himlen. Det här visste Jesus om och Han bad, "Jag vill att där jag är, där ska också de som du har gett mig vara med mig." Jesus ville dela den eviga härligheten i himlen med sina älskade lärjungar, och med alla som tar emot frälsning genom att höra evangeliet som lärjungarna spred.

Även fast de inte var på den fulla trons nivå än var Han enbart glad över att de i sina hjärtan erkände att Jesus var Guds Son, och Frälsaren. Under sin offentliga tjänst visade Jesus många bevis för att hjälpa människor att tro att Han kom från himlen. Genom de kraftfulla gärningar som Jesus gjorde och sanningens budskap som Han predikade, trodde människor med goda hjärtan att Jesus var Guds Son, och att Han var den Messias som skulle frälsa dem. Som Jesus sade, "världen har inte lärt känna dig" försöker fienden djävulen och Satan distrahera människor så att de inte tror på Gud, men des goda människorna håller sig vakna och kämpar den goda striden och vinner seger (1 Petrusbrevet 5:8-9).

"Jag har gjort ditt namn känt för dem. Och jag ska göra det känt, för att kärleken som du älskat mig med ska vara i dem och jag i dem." (17:26)

"Ditt [Guds] namn" innehåller Guds kraft och makt, hjärta och kärlek. Jesus visade allt genom kraftfulla ord, tillsammans med tecken och under. Och genom att förlåta och visa medlidande, barmhärtighet och kärlek, lärde Han folket vem Gud är, Gud som är kärlek.

Så vad menade Jesus när Han sade, "Jag har gjort ditt namn känt för dem. Och jag ska göra det känt"? Han menade att genom att Han ta på sig korset, utgjuta allt sitt vatten och blod, dö och sedan uppstå, skulle fullborda Guds försyn. Genom det skulle Han göra Guds hjärta känt, som älskade hela mänskligheten så mycket att Han sände sin egen Son för att dö på korset (Romarbrevet 8:32).

Anledningen till att Jesus gjorde "Faderns namn" känt för oss var så att "kärleken som du [Gud] älskat mig med ska vara i dem och jag i dem." Jesus vill att vi ska ta emot den kärlek Han tog emot från Gud, och Han vill vara i oss. Det faktum att Jesus är i oss betyder att Guds Ord är i oss (Johannes 14:21), eftersom "Ordet som blev kött" är Jesus. Det är bara de som lever i enlighet med Guds Ord som egentligen kan säga att de älskar Gud.

Vi måste komma ihåg att det var för att Jesus älskade Gud som Han helt och hållet höll sig till lagen medan Han var i den här världen, och Han lydde helt och hållet ända till den stund då Han dog på korset. Det resulterade i att Han tog emot en ofattbar stor mängd kärlek av Gud.

Vad tror du det var för skillnad mellan den kärlek från Gud som Jesus upplevde innan Han kom till den här världen, och den kärlek från Gud Han upplevde efter att Han fullbordat sitt uppdrag och uppstigit tillbaka till himlen? Eftersom Jesus från början är ett med Gud visste Han förstås vad Guds kärlek är, men djupet och tyngden i Guds kärlek som Han kände innan och som Han kände efter Han hade fullbordat sin kallelse som Frälsare var ojämförbara.

Abraham fick också uppleva och inse Guds kärlek ännu tydligare, men bara efter att han hade lytt Guds befallning att offra Isak. Gud var förmodligen mycket glad över att se Abrahams kärlek som var så stor att han inte höll tillbaka utan offrade sin ende son. Så överväldigande Abrahams känslor måste ha varit när han kunde visa Gud en sådan tro.

Jesus vill att vi också ska inse och få uppleva denna djupa,

djupa kärlek från Gud. När vi har tro och handlar i enlighet med Guds ord, och när vi ger Honom det som är värdefullast för oss på grund av att vi älskar Honom, kan vi få uppleva en så stor kärlek från Gud som vi aldrig förr har fått uppleva.

Kapitel 18

Jesus som fick lida

1. Judas Iskariot, den som förrådde Jesus
(18:1-14)

2. Jesus inför översteprästerna
(18:15-27)

3. Jesus inför Pilatus
(18:28-40)

Judas Iskariot, den som förrådde Jesus

Efter att ha bett till Gud just före sin död gick Jesus till Getsemane med sina lärjungar. Getsemane är en trädgård som ligger på den västra sidan av Oljeberget, mitt emot Kidrondalen. Getsemane var fylld av övervuxna träd och buskar och var en tämligen stillsam plats och därför sökte Jesus och Hans lärjungar sig ofta till denna plats.

Getsemane trädgård är den plats där Jesus bad så enträget att Hans svett blev som blodsdroppar, just innan Hans lidande på korset. Judas Iskariot kände också till den här platsen väl. Jesus visste att Judas skulle förråda Honom; men ändå återvände Jesus till denna plats, för att fullborda sitt uppdrag som Frälsaren.

Jesus går till Getsemane trädgård

"När Jesus hade sagt detta, gick han med sina lärjungar över till andra sidan av Kidrondalen. Där låg en trädgård som han och hans lärjungar gick in i. Men även Judas, han som förrådde honom, kände till det stället eftersom Jesus ofta hade varit där med sina lärjungar." (18:1-2)

I evangelierna skrivna av Matteus, Markus och Lukas finns en stor detaljrikedom kring de händelser som skedde från det att Jesus gick till Getsemane trädgård till dess att Jesus blev gripen. När de kommit fram till Getsemane sade Jesus till sina lärjungar, "Medan jag går bort dit för att be kan ni stanna här." Sedan tog Han med sig Petrus, Jakob och Johannes och gick för att be. Han gjorde väg genom det vilda buskaget och gick djupare in i skogen, och sade till de tre att be där.

"Stanna här och vaka med mig" (Matteus 26:38).

"Be att ni inte kommer i frestelse" (Lukas 22:40).

Jesus gick en bit längre bort, lade sitt ansikte mot marken och började be väldigt enträget. Jesu liv hängde på den här bönen. Jesu liv, vars syndfria blod skulle betala för hela världens själars frälsning, stod på spel. Denna bön var ett rop till Gud om styrka och förmåga att ta på sig det fruktansvärda lidandet på korset. Jesus bad så enträget med all sin styrka och kraft att de små blodkärlen i Hans kropp brast, vilket gjorde att Hans svettdroppar blev fyllda av blod (Lukas 22:42-44).

I trädgården Getsemanes stillhet var det enda ljud som bröt igenom tystnaden den natten ljudet från Jesu enträgna bön. Efter att ha bett en tid gick Jesus bedjande till Petrus, Jakob och Johannes. Deras kött var svagt och de kunde inte kämpa mot tröttheten och hade somnat. Jesus var ledsen över att se deras svaghet och väckte Petrus.

"Så ni kunde inte vaka en enda timme med mig? Vaka och be att ni inte kommer i frestelse. Anden är villig, men köttet är svagt" (Matteus 26:40-41).

En liten tid senare kom Judas Iskariot med soldaterna som skulle gripa Jesus. När något så allvarligt var på väg att ske framför lärjungarnas ögon hoppades Jesus verkligen att Hans lärjungar inte skulle komma i frestelse. Därför gick Jesus en liten bit bort och fortsatte att be än en gång. Lärjungarna försökte verkligen att be, men till slut kunde de inte stå emot sömnen. Därför blev Jesus lämnad ensam att be med sådan kraft att Hans svett blev till blodsdroppar. Efter tre intervaller av bön väckte Jesus lärjungarna och sade, *"Res på er, nu går vi. Han som förråder mig är här"* (Matteus 26:46).

Judas Iskariot förråder Jesus

"Judas tog med sig vaktstyrkan och några av översteprästernas och fariseernas tjänare och kom dit med facklor, lyktor och vapen. Jesus, som visste om allt som skulle hända honom, gick ut och frågade dem: 'Vem söker ni?' De svarade: 'Jesus från Nasaret.' Han sade till dem: 'Jag Är.' Även Judas, han som förrådde honom, stod bland dem. När Jesus sade till dem: Jag Är, ryggade de tillbaka och föll till marken." (18:3-6)

Så snart Jesus hade talat färdigt, började fladdrande ljus komma närmare. När ljuset blev starkare hördes ljud av klampande fötter överallt. Snart därefter kom män med vapen fram under de brinnande fackelljusen. Mitt ibland dem stod en man som såg bekant ut. Det var Judas Iskariot, en av de tolv lärjungarna.

Soldaterna höll i svärd och påkar som om de kommit för att gripa en våldsam brottsling. Vi kan se hur rädda de var för att gripa Jesus. Judas Iskariot var också rädd för Jesu auktoritet, även fast han hade tagit med sig en stor grupp beväpnade soldater.

"Vem söker ni?"
"Jesus från Nasaret."

Judas Iskariot hade sammansvurit sig med soldaterna han hade med sig, *"Den jag kysser är det. Grip honom"* (Matteus 26:48). Eftersom Jesus redan hade bestämt sig i sitt hjärta för att underordna sig Guds vilja ända till döden, var Han frimodig – även inför tungt beväpnade soldater. Sanningens människor, som Jesus, som står mitt i Guds vilja, kan vara frimodiga även om de släpas mot sin död.

Sådana människor är rädda för att gå bort från Guds vilja –

de är inte rädda för att mista sina liv eller bli skadade. Det beror på att de är fasta i sin tro att den ende med sann auktoritet över liv och död är Gud Fadern. Det är därför det står, *"Var inte rädda för dem som dödar kroppen men inte kan döda själen. Frukta i stället honom som kan fördärva både själ och kropp i Gehenna"* i Matteus 10:28. Jesus visade sig frimodigt för gruppen genom att säga, "Jag Är."

Hans andliga makt var vid den här tiden så stor att de som kom för att gripa Honom ryggade tillbaka och föll till marken. Då försökte Judas Iskariot närma sig Jesus igen för att kyssa Honom. *"Var hälsad, rabbi!"* (Matteus 26:49). Jesus såg till och med den djupaste delen av Judas hjärta och försökte för sista gången ge Judas Iskariot en till chans. *"Judas, förråder du Människosonen med en kyss?"* (Lukas 22:48).

Om han hade haft det minsta samvete skulle han inte ha vågat kyssa sin lärare för att förråda Honom eftersom hans innersta hjärta hade blivit avslöjat. Men eftersom Judas Iskariot redan var besatt av Satan, kysste han Honom och förrådde Honom. Men allt detta skedde för att frälsningsplanen genom korset skulle uppfyllas.

För att kunna dölja att han förrådde Jesus sade Judas Iskariot inte rakt ut, "Den mannen är Jesus från Nasaret." Han försökte spela med som om han inte hade någonting att göra med den grupp människor som kom för att gripa Jesus. Men eftersom han var bedräglig försökte han ända till slutet dölja att han var den som förrådde Jesus.

Jesus försöker beskydda lärjungarna

"Än en gång frågade han dem: 'Vem söker ni?' De sade: 'Jesus från Nasaret.' Jesus svarade: 'Jag har sagt er att det är jag. Om det är mig ni söker, så låt de andra gå!' Ordet som han hade sagt skulle nämligen gå i uppfyllelse: 'Av dem du har gett mig har jag inte förlorat en enda.'" (18:7-9)

Även fast Jesus hade avslöjat vem Han var grep männen Honom inte. Därför frågade Han dem än en gång, "Vem söker ni?"

Det fanns en anledning till att Jesus frågade igen. Han försökte beskydda lärjungarna som var där med Honom. Genom att få männen att flera gånger säga "Vi söker Jesus från Nasaret" försökte Jesus hindra dem från att gripa någon annan.

De svarade, "Jesus från Nasaret." "Om det är mig ni söker, så låt de andra gå" sade Jesus. För att se till att lärjungarna inte skadades på något sätt satte Jesus på ett visligt sätt ut en sköld av beskydd runt dem. Innan Han gick till trädgården Getsemane hade Han lyft upp en bön av kärlek. I sin bön hade Han bekänt, *"Så länge jag var hos dem, bevarade jag dem i ditt namn som du gett mig. Jag vakade över dem och ingen av dem gick förlorad, ingen utom fördärvets man för att Skriften skulle uppfyllas"* (Johannes 17:12).

Och precis som Han bad, oroade Han sig över lärjungarnas säkerhet mer än sin egen, och oavsett vilken fara Han själv skulle möta, drog Han sig inte tillbaka. För det mesta när någon märker att de kommer bli åsidosatta eller få någon dålig konsekvens, flyttar de antingen över ansvaret på någon annan, eller så försöker de fly från situationen. Men Jesus klev fram och mötte farorna och svårigheterna.

> "Simon Petrus hade ett svärd. Han drog det och slog till mot översteprästens tjänare och högg av honom högra örat. Tjänaren hette Malkus. Jesus sade till Petrus: 'Sätt svärdet i skidan! Skulle jag inte dricka den bägare som Fadern har gett mig?'" (18:10-11)

Som en lärjunge under Jesu vård tyckte Petrus situationen var väldigt allvarlig. Trots att Jesus redan hade sagt till honom att Han skulle gripas för att det var Guds vilja, hade Petrus ändå inte ännu insett det. Omgiven av en grupp män med svärd och påkar var situationen oerhört hotfull för han hade ingen aning om vad som skulle ske härnäst. På ett ögonblick drog Petrus ut ett svärd och högg av örat på en man. Det gick så fort att ingen hann komma emellan och stoppa honom. Mannen som skrek ut sin smärta och föll till marken var "Malkus", en av översteprästens tjänare.

Petrus kunde inte bara stå bredvid och se hur hans älskade lärare blev arresterad. Jesus kände Petrus hjärta men gav honom en andlig tillrättavisning, "Sätt svärdet i skidan! Skulle jag inte dricka den bägare som Fadern har gett mig?" Planen med frälsningen genom korset hade i Guds försyn varit färdig redan före tidernas begynnelse. Även om Petrus hugger av Malkus öra och försöker förhindra den annalkande faran, kan han inte förändra planen för mänsklighetens frälsning genom Jesus. När Jesus såg Petrus hugga med svärdet utan att känna Hans hjärta som ville lyda Guds vilja, fylldes Jesus snarare med sorg.

Jesus arresterades

"Soldaterna och befälhavaren och judarnas tjänare grep nu Jesus och band honom. De förde honom först till Hannas, svärfar till Kaifas som var överstepräst det året. Det var Kaifas som hade gett judarna rådet att det var bättre att en man dog i folkets ställe." (18:12-14)

Det spelar ingen roll hur starka de romerska soldaterna, befälhavaren och judarnas tjänare var, de hade ändå inte kunnat lägga ett finger på Jesus om det inte var Guds vilja. Ingen vågade komma i vägen för Hans andliga makt. Men de band Jesus och förde Honom till Hanns för att att tiden var inne och Gud tillät det.

Det var Kaifas som var överstepräst det året. Så varför tog de Jesus till Hannas först? Det berodde på att Israel stod under Roms styre. Hannas var egentligen överstprästen, men under det romerska styret hade Kaifas blivit utvald till överstepräst. Men den som judarna följde och verkligen erkände som överstepräst var Hannas. Eftersom Hannas var Kaifas svärfar var de tvungna att stå väldigt nära i sin relation. Trots att det egentligen bara skulle vara en överstepräst, refererar de fyra evangelierna, på grund av den här historiska bakgrunden, till översteprästen som "översteprästerna", i pluralis (Johannes 7:32, 11:47).

Översteprästen Kaifas hade sagt, *"Inser ni inte att det är*

:: Vägen till den plats där Kaifas förhörde Jesus

:: Platsen där Kaifas förhörde Jesus

bättre för er att en man dör för folket än att hela folket går under?" (Johannes 11:50). Här talade han om Jesu död. Kaifas hade förmodligen ingen aning om hur exakt han var, men det var som att han deklarerade Jesu död som en del av Guds försyn.

Översteprästerna Hannas och Kaifas användes som onda verktyg för att gripa och döda Jesus. Och eftersom dessa två män hade samlat på sig så mycket synd fram till denna stund var det lätt för dem att sända Jesus till korset för att korsfästas.

Jesus inför översteprästerna

Översteprästen var den enda som fick gå in i det heliga templet en gång per år för att offra upp synd- och skuldoffer till Gud. På den här tiden var översteprästen ledare av "Sanhedrin", det högsta styrande rådet i Israel, och därför hade översteprästen stor makt. Därför greps Jesus och togs inför dem för att bli förhörd. Så snart Jesus hade gripits blev lärjungarna skräckslagna och förvirrade. Och i och med känslan av den annalkande faran, skingrades de alla (Markus 14:27; Johannes 16:32). Men bland dem var det några som följde efter Jesus ända fram till platsen där förhöret hölls – givetvis på avstånd, och de försökte hålla sig undan folks ögon.

"Simon Petrus och en annan lärjunge följde efter Jesus. Den lärjungen var bekant med översteprästen och kom in på översteprästens gård tillsammans med Jesus. Men Petrus stod kvar utanför vid porten. Den andre lärjungen, han som var bekant med översteprästen, gick då ut och talade med flickan som vaktade porten och hämtade in Petrus." (18:15-16)

Petrus som hade huggit örat på Malkus, översteprästens tjänare, följde försiktigt efter Jesus. Bilden på näthinnan av Jesus bunden som en grov brottsling verkade så konstigt och främmande för Petrus. Det fanns också en annan lärjunge som följde efter Jesus. Det var Johannes som tillsammans med Petrus och Jakob alltid var vid Jesu sida. Petrus kunde följa efter Jesus hela vägen till Hannas gård men där uppstod ett problem. Johannes, som var bekant med översteprästen, kunde gå in men Petrus var tvungen att vänta utanför dörren. Men Johannes talade med dörrvakten så att Petrus också kunde komma in på gården.

"Tjänsteflickan frågade Petrus: 'Är inte du också en av den där mannens lärjungar?' Han svarade: 'Nej, det är jag inte.' Det var kallt, och tjänarna och vakterna hade gjort upp en koleld där de stod och värmde sig. Även Petrus stod där tillsammans med dem och värmde sig." (18:17-18)

En tjänsteflicka såg Petrus och frågade, "Är inte du också en av den där mannens lärjungar?" Plötsligt blev Petrus tankar suddiga och han sade, "Nej, det är jag inte."
Han hade bara kunnat förbli tyst och inte förnekat så där,

men köttsliga tankar på att han kanske skulle skadas fick Petrus att ljuga. Han hade tidigare bekänt, *"Du är Messias, den levande Gudens Son"* (Matteus 16:16). Men nu när han var rädd och skrämd, förnekade han att han var en lärjunge till Jesus. Och som om han inte hade något med Jesus att göra, stod han och gömde sig bland tjänarna som värmde sig vid elden.

Jesus förhörs av översteprästen Hannas

"Översteprästen frågade ut Jesus om hans lärjungar och hans lära. Jesus svarade honom: 'Jag har talat öppet till världen. Jag har alltid undervisat i synagogan och i templet där alla judar samlas. Jag har inte talat i hemlighet. Varför frågar du mig? Fråga dem som har hört vad jag förkunnat för dem. De vet vad jag har sagt.'" (18:19-21)

När Jesus stod inför Hannas, judarnas mäktigaste man på den tiden, var Han frimodig. Även fast Han var i en situation där Han skulle kunna förlora sitt liv, försökte Han inte fly eller komma undan omständigheterna. Eftersom Han hade fullkomlig tro på Gud accepterade Han Guds försyn utan att tveka. Och eftersom Han var helig och utan synd hade Han ingenting att frukta (Hebreerbrevet 7:26).

Hannas förhörde Jesus om allt som Jesus hade undervisat, och om Hans lärjungar, men Jesus nämnde ingenting om sina lärjungar. Genom att säga, "Jag har talat öppet" och "jag talade" och "jag har sagt", försökte Jesus bevara fokus på sig själv. Han beskyddade sina lärjungar genom att inte nämna dem alls ända till slutet.

Jesus kom in i den här världen för att det var i enlighet med Guds vilja. Och när Han undervisade om evangeliet om himlen gjorde Han det helt öppet. Han undervisade i synagogorna och templet där många judar samlades. Han undervisade inte på någon undanskymd plats. Sadducéerna och översteprästerna hade lejt människor att spionera på Honom så att de skulle få veta vad Han undervisade om. Det visste Jesus om och svarade i stället Hannas, "Varför frågar du mig? Fråga dem som har hört vad jag förkunnat för dem. De vet vad jag har sagt." Översteprästen blev överrumplad. Inte bara saknade han anledning att ifrågasätta eller gå emot Jesus, nu blev han den som blev utfrågad.

> "När Jesus sade detta, gav en av tjänarna som stod där honom ett slag i ansiktet och sade: 'Ska du svara översteprästen på det sättet?' Jesus svarade: 'Har jag sagt något som är fel, så säg vad som är fel. Men om jag talar sanning, varför slår du mig?' Då skickade Hannas honom bunden till översteprästen Kaifas." (18:22-24)

När det såg ut som om situationen vände sig mot översteprästen slog en av tjänarna Jesus i ansiktet med sin hand. "Ska du svara översteprästen på det sättet?" Eftersom det var Han som hade blivit arresterad, förväntades det av Honom att Han böjde ner sitt huvud och svarade med en lågmäld attityd. Men Jesus var inte alls sådan. Han visade inga tecken på att böja sig för översteprästen som de alla tjänade. Men det fanns en annan anledning till att tjänaren slog Jesus. Han gjorde det för att det som skedde fick alla att känna att Jesus var oskyldig; så han försökte bryta den stämningen. Jesus visste förstås vad som fanns i hans hjärta.

"Har jag sagt något som är fel, så säg vad som är fel. Men om jag talar sanning, varför slår du mig?"

När Jesus talade om sin oskuld försökte tjänaren stoppa det Jesus sade, men det fanns inget mer han kunde säga. Hannas, som kände att han inte kunde göra något mer med den makt han hade, gjorde inget mer för att motbevisa Jesu oskuld, och sände Honom vidare till Kaifas. Han kunde inte finna något att anklaga Honom för, men precis som de hade talat om förut, försökte översteprästerna driva Jesus till döden i alla fall. Översteprästerna visste alltså att Jesus inte hade någon synd, och ändå tog de villigt på sig uppgiften att bli slavar till Satan.

Petrus, den som förnekade Jesus tre gånger

"Simon Petrus stod och värmde sig. Då frågade de honom: 'Är inte du också en av hans lärjungar?' Han nekade och sade: 'Det är jag inte.' En av översteprästens tjänare, en släkting till den vars öra Petrus hade huggit av, sade: 'Såg jag inte själv att du var med honom i trädgården?' Petrus nekade än en gång – och strax gol en tupp." (18:25-27)

Medan Jesus blev förhörd var Petrus precis utanför på

gården och värmde sig med tjänarna. Efter att med eftertryck ha förnekat tjänsteflickans misstanke handlade Petrus som om han inte hade något med Jesus att göra. Men han kunde inte göra sig av med fruktan att någon kanske skulle känna igen honom.

Trots att de hade igång elden var atmosfären mörk eftersom det var sent på natten och nära gryningen, och det fladdrande ljuset från elden gjorde det svårt att se vem som var vem. Men tjänarna kunde inte hjälpa att vända deras uppmärksamhet mot främlingen som värmde sig med dem. De började viska till varandra, "Är inte han en av Jesu lärjungar? Är han det eller inte?" Och efter att ha studerat Petrus ansikte noga frågade en av dem, "Är inte du också en av hans lärjungar?"

Petrus svarade hastigt, "Det är jag inte." Han hade just förnekat Jesus två gånger. Och precis när Petrus ångest och fruktan började stiga kände en av släktingarna till Malkus, vars öra Petrus hade huggit av, igenom honom.

"Såg jag inte själv att du var med honom i trädgården?" Alldeles överrumplad förnekade Petrus kraftigt. Om Petrus hade varit frimodig och i sanningen skulle han inte ha förnekat att han kände Jesus. Han skulle frimodigt ha litat på Gud i alla omständigheter, att allt hände i enlighet med Hans försyn. Men Petrus var uppfylld av oro, och tänkte något som "Tänk om de känner igenom mig och griper mig?" "Vad kommer hända med mig om jag blir arresterad?" och "Vad kommer hända härnäst?"

Eftersom han hade tagit till sig sina köttsliga tankar och förnekat Jesus en gång tidigare, förnekade han Honom igen. Han förnekade inte bara med ett "Nej." När de inte verkade tro honom blev hans nekande starkare för varje gång. I Matteus

26:74 står det, *"Då började han förbanna och svära: 'Jag känner inte den mannen!' Och strax gol tuppen."* Bara efter att ha hört tuppen gala kom Petrus tillbaka till sig själv. Då kom han ihåg Jesu ord, *"Tuppen kommer inte att gala förrän du har förnekat mig tre gånger"* (Johannes 13:38). Petrus sprang ut ur Hannas hus och grät bittert. Denna händelse då han hade förnekat Jesus på grund av rädslan etsades sig fast hos Petrus hela hans liv. Han ångrade det under många år därefter, och hans ångerkänsla, förnedring och skam kunde inte suddas ut under hans liv. Det var därför han, när han var på väg att bli martyr, sade, "Jag är inte värdig att hängas upp på korset som Herrens gjorde" och i stället hängdes han upp och ner på korset. Inte ens i den sista stunden innan han dog kunde han göra sig av med denna händelse från sitt hjärta.

Händelsen förvandlade Petrus liv för alltid. Innan dess älskade han att vara i händelsernas centrum, och han blev lätt stolt och självupptagen. Han hade också fortfarande en del ondska som han inte kunde göra sig av med från sitt hjärta ännu, och hans handlingar var ännu inte fullkomliga. Men genom denna prövning smulades hans köttsliga tankar ner, och hans hjärta blev ödmjukt och lågt. Händelsen ledde till en välsignad möjlighet för Petrus att bryta sönder sina tankars ramverk och omskära sitt hjärta för att bli en av Kristi främsta lärjungar.

Gud som ser till centrum i människans hjärta visste att Petrus, genom denna händelse, skulle växa till att bli en av Jesu främsta lärjungar, och med kraft fullföra sin kallelse med hela sitt liv. Även fast Petrus på den tiden hade stor smärta i sitt hjärta på grund av det han hade gjort, blev den här händelsen en vändpunkt för Petrus, något som förvandlade honom totalt. Gud som ser slutet på denna händelse hjälper oss att känna Guds kärlek i det att Han alltid verkar så att allt samverkar till det bästa för dem som älskar Honom.

Vad vi behöver förstå här är hur ömkliga och nonchalanta vi blir när vi tar till oss våra köttsliga tankar i våra handlingar. Även om vi bara tar till oss våra köttsliga tankar en gång, blir vi lätt uppslukade av dem, och hamnar allt djupare ner i dem. Ju djupare vi faller ner i dem, desto mindre frid har vi i våra hjärta, och desto mer oro och fruktan börjar utveckla sig och krypa in i våra hjärtan i stället. Och för att kunna undvika att möta det vi är rädda för, kan vi omedelbart börja ljuga eller göra något bedrägligt. Men, om vi alltid har Andens tankar, kan vår själ alltid ha frid, även om vi går igenom dödsskuggans dal.

Jesus inför Pilatus

Inför översteprästen Kaifas blev Jesus förhörd ännu en gång. Matteus kapitel 26 målar upp den händelsen i detalj. Judarna gjorde allt de kunde för att hitta en anledning till att döda Jesus. De tog till och med fram falska vittnen, men det var svårt att finna bevis att anklaga Honom med. Då kom de ihåg något som Jesus hade sagt tidigare: *"Riv ner det här templet, så ska jag resa upp det på tre dagar"* (Johannes 2:19). Dessa ord handlade om Jesu död och uppståndelse. Men i deras okunnighet tog anklagarna de här orden bokstavligen, och använde det som argument i deras anklagelser. För att kunna få fram bevis som skulle kunna leda till att Jesus kunde dödas, kastade de medvetet en ledande fråga i ansiktet på Jesus, *"Jag besvär dig vid den levande Guden: Säg oss om du är Messias, Guds Son"* (Matteus 26:63).

Jesus märke avsikten med deras fråga men svarade helt enkelt, *"Du själv har sagt det"* (Matteus 26:64). Till slut fattades beslutet att Jesus skulle få dödsstraffet för att Han hade hädat Gud och Hans tempel. Men eftersom judarna stod under Roms styre hade de inte makt att själva utdöma dödsstraffet. Så de ledde Honom till pretoriet, för att lämna över Honom till Pilatus, en romersk ståthållare.

"Vad anklagar ni den här mannen för?"

"Från Kaifas förde de sedan Jesus till pretoriet. Det var nu tidigt på morgonen. Själva gick de inte in i pretoriet, för att inte bli orena utan kunna fira påsken. Pilatus kom därför ut till dem och frågade: 'Vad anklagar ni den här mannen för?' De svarade: 'Hade han inte varit en brottsling skulle vi inte ha överlämnat honom till dig.'" (18:28-30)

Pretoriet var det palats där den romerske ståthållaren bodde, och på den tiden var Pontius Pilatus ståthållare. Judarna förde Jesus till ingången till pretoriet, men själva kunde de inte gå in. De ansåg att de oomskurna hedningarna var orena, och avhöll sig från kontakt med dem. De var ännu mer medvetna om att inte orena sig själva eftersom det var tid för påsken, så de försökte hålla sig ännu mer borta från hedningar då. De gick inte ens in i ett pretorium som tillhörde en hedning för att de inte av misstag skulle överträda lagen.

Hedningarna var givetvis inte utestängda från att fira påsken.

Om det bland hedningarna fanns de som ville delta i påsken, kunde de göra det efter att ha blivit omskurna (2 Mosebok 12:48). Och motsatsen var att någon som inte var omskuren kunde inte delta i påsken, inte ens om personen var en jude. Det är inte viktigt om man är jude eller hedning – det som är viktigare är om man är oomskuren eller omskuren efter Guds befallning.

Genom traditionerna från förr lär Gud oss att anse att det som finns på insidan är viktigare än det som finns på utsidan. Inte ens idag är det viktigt om vi är kristna på utsidan eller inte. Det är viktigare att vi gör oss av med vår synd och omskär våra hjärtan. Judarna på Jesu tid bekände att de höll fast vid lagen; och ändå kunde de inte känna igen Guds Son, och försökte döda Honom. Det visar att deras tro var väldigt ytlig och baserad på formalia.

Om de strikt hade hållit fast vid lagen utifrån deras sanna kärlek till Gud, skulle de inte ha förföljt Hans Son så hårt, Han som kom in i den här världen i köttet, och som i sitt ursprung är ett med Gud. På ytan hävdade de att de höll fast vid Mose lag och även de stadgar som de äldste hade skapat, och höll sig till det, men på insidan var deras hjärtan onda och deras andliga ögon fullständigt övertäckta. De inte bara misslyckades med att känna igen Messias som de hade väntat på så länge; de försökte också döda Honom genom det allra grymmaste sättet tillgängligt – korsfästelse.

Som om han kände till judarnas sed att inte gå in i pretoriet för att kunna fira påsken, kom Pilatus ut till dem och frågade: "Vad anklagar ni den här mannen för?" "Hade han inte varit en brottsling skulle vi inte ha överlämnat honom till dig."

I en legitim rättegång måste den som anklagar detaljerat berätta vad de anklagar personen för. För att kunna urskilja sanningen måste domare ge den anklagade en rättvis chans att försvara sig själv. Men, utan att komma med tydliga anklagelser anklagade översteprästerna och de äldste Jesus envetet för att vara en brottsling. I verkligheten visste de att Jesus inte hade någon synd. Men när deras folk började följa Jesus, och deras självpåtagna makt verkade stå på spel, beslutade de sig för att anklaga Jesus som en brottsling.

Men de anklagelser som judarna kom med om hädelse mot templet och Gud ansågs inte som en synd efter den romerska lagen. Dessutom var det tydligt att det var en konspiration mellan folket och översteprästerna baserat på avundsjuka. I Pilatus ögon var det anmärkningsvärt att Jesus inte sa ett enda ord i protest mot det folket anklagade Honom för (Markus 15:5).

Så när Pilatus till slut proklamerade, *"Jag ser inget brottsligt hos den mannen"* (Lukas 23:4) gensvarade översteprästerna och folkskaran med ett våldsamt uppror.

"Ta Honom ni och döm Honom efter er lag"

> "Pilatus sade till dem: 'Ta ni honom och döm honom efter er lag!' Judarna sade: 'Vi har inte rätt att avrätta någon.' Så skulle det ord uppfyllas som Jesus hade sagt när han angav på vilket sätt han skulle dö." (18:31-32)

Pilatus ville inte bli involverad i judarnas religiösa problem.

Han ville snabbt frånsäga sig denna stötesten. Sedan fick han höra att Jesus var från Galileen (Lukas 23:5-6). I Israel på den tiden stod Juda område som omger Jerusalem, under Pilatus auktoritet, men den norra regionen Galileen stod under Herodes tillsyn (Herodes Antipas).

Nu föll det sig så bra att Herodes var i Jerusalem vid den här tiden för påskhögtiden, så Pilatus sände Jesus till honom direkt (Lukas 23:6-7). Herodes blev glad. Han hade länge hört talas om Jesus och han ville se de mirakler Jesus gjorde med egna ögon. Men alla hans förväntningar grusades. När han inte ens kunde få ett enda svar på sina frågor, ännu mindre ett mirakel, hånade han och hans soldater Jesus. Efter att ha satt på Honom en vacker mantel sände han Honom tillbaka till Pilatus (Lukas 23:8-11).

Pilatus ville fortfarande lämna över domen till judarna. "Ta ni honom och döm honom efter er lag!" Men det straff judarna ville ha var inte att det slaget att det skulle sluta med lite smärta. De ville korsfästa Jesus.

Jesus visste redan på vilket sätt Han skulle dö. Det var därför Han sade i Johannes 12:32, *"Och när jag blivit upphöjd från jorden, ska jag dra alla till mig."* Precis som denna vers förutsåg ropade översteprästen och skaran att Han skulle avrättas på korset, och pressade fram detta beslut från Pilatus. Det var de som uppfyllde Jesu ord.

"Är du judarnas kung?"

"Pilatus gick tillbaka in i pretoriet och lät kalla in

Jesus och frågade: 'Så du är judarnas kung?' Jesus svarade: 'Säger du det av dig själv, eller har andra sagt det om mig?'" (18:33-34)

Pilatus kände sig förödmjukad inför folkskaran som så starkt ropade att Jesus måste dö. Trots att deras anklagelser verkade vara spekulativa, kände han sig hjälplös för att den stora skaran så intensivt ropade om avrättning genom korset. Folkskaran hade vuxit och det verkade som om deras rop skakade pretoriets grundval. Han visste inte vad han skulle göra och gick in i pretoriet igen och frågade Jesus, "Så du är judarnas kung?"

Jesus var så fylld av frid att man aldrig hade kunnat tro att Han stod ansikte mot ansikte med sin dödsdom. Jesus svarade med en annan fråga på Pilatus fråga. "Säger du det av dig själv, eller har andra sagt det om mig?"

I sitt fysiska släktträd var Jesus född som en efterkommande till den allra största kungen David. Han hade givetvis blivit till genom den Helige Ande genom jungfru Maria och Marias man Josef var Davids efterkommande (Jesaja 11:10). Och när Jesus hade fötts kom tre magiker från östern och sade, *"Var är judarnas nyfödde kung? Vi har sett hans stjärna gå upp och har kommit för att tillbe honom"* (Matteus 2:2). Inte bara fysiskt är Jesus judarnas Kung; utan också andligt är Han kungars Kung (Uppenbarelseboken 17:14).

Jesu svar var ett vist gensvar som visade hur meningslös och obetydlig Pilatus fråga var. Pilatus visste vad Jesus undervisade och vilka verk Han hade gjort, eftersom han hade hört talas om det. Och när han nu fick möta Jesus öga mot öga, kände han det andliga majestätet som man inte kunde känna från någon annan kung i den här världen. Så när Jesus frågade om han frågade för att han verkligen ville veta om Han verkligen var judarnas Kung, eller om han bara frågade för att judarna hade anklagat Honom för det, blev Pilatus både chockad och generad.

"Pilatus svarade: 'Jag är väl inte jude? Ditt folk och översteprästerna har överlämnat dig åt mig. Vad har du gjort?' Jesus svarade: 'Mitt rike är inte av den här världen. Hade mitt rike varit av den här världen, skulle mina tjänare ha kämpat för att jag inte skulle utlämnas åt judarna. Men nu är mitt rike inte av den här världen.'" (18:35-36)

Pilatus gav Jesus en chans att försvara sig så att Han kunde bevisa sin oskuld. "Jag är väl inte jude? Ditt folk och översteprästerna har överlämnat dig åt mig. Vad har du gjort?" Men han hade inte förväntat sig det svar han fick. "Mitt rike är inte av den här världen. Hade mitt rike varit av den här världen, skulle mina tjänare ha kämpat för att jag inte skulle utlämnas åt judarna. Men nu är mitt rike inte av den här världen."

Pilatus ansåg att judarna och Jesus kom från samma nation. Men Jesus avskärmade sig tydligt från judarna. Det beror helt på om man ser det med andliga ögon, eller köttsliga ögon. Om du tänker djupt i anden på Jesu ord, kan du förstå Jesu ursprung. I sitt ursprung är Jesus ett med Gud, och som Hans Son har Han obegränsad makt och kraft. Men för att kunna uppfylla försynen i frälsningen kom Han in i denna värld. Om han hade kommit in i denna värld för att bli världens kung, som folket i den här världen trodde att Han skulle, skulle änglaarméerna vakat över

Honom och beskyddat Honom. Men Jesu syfte med att komma in i den här världen var för att bli det försonande offret för hela mänskligheten som hade blivit slavar till synden. Resultatet av allt detta kommer till slut göra Honom till kungars Kung och herrars Herre.

"Jag finner honom inte skyldig till något brott"

"Pilatus sade: 'Du är alltså kung?' Jesus svarade: 'Du själv säger att jag är kung. Därför är jag född och därför har jag kommit till världen, för att vittna om sanningen. Var och en som är av sanningen lyssnar till min röst.' Pilatus sade till honom: 'Vad är sanning?' Med de orden gick han ut till judarna igen och sade till dem: 'Jag finner honom inte skyldig till något brott.'"
(18:37-38)

Jesus ord hade en andlig betydelse, men Pilatus kunde inte förstå. Som om han inte ens visste varför han frågade, frågade han igen: "Du är alltså kung?" "Du själv säger [korrekt] att jag är kung. Därför är jag född och därför har jag kommit till världen, för att vittna om sanningen. Var och en som är av sanningen lyssnar till min röst."

En person som har ett gott hjärta och som fruktar Gud från sitt hjärtas centrum, vet och tror att Jesus är Guds Son, och att Han kom in i den här världen som Frälsaren. Men eftersom Pilatus inte kunde förstå Jesu andliga ord blev han frustrerad. Fortsatt förhör var varit meningslöst. För sista gången slänger han ur sig en fråga: "Vad är sanning?"

Han förväntade sig inte ett svar. Frågan var bara ett försök att få klarhet i sitt förvirrade hjärta. Direkt efter det gick han ut till folkskaran. Så snart de fick se Pilatus började skaran ropa och bli orolig igen. Då ropade Pilatus till dem. Det spelade ingen roll hur mycket folkskaran vill det, han kunde inte döma en oskyldig man som syndare. "Jag finner honom inte skyldig till något brott."

Jesus hade blivit förhörd hos Pilatus men var väldigt lugn och fridsam. Han opponerade sig inte mot något som sades eller var arg på något sätt. Ingen kunde finna något ont i Honom. Han besvarade bara frågorna som ställdes till Honom med överväldigande visdom och andlig innebörd. Om Han hade haft det minsta ondska i sig skulle Han ha protesterat med hårda ord eller brustit ut i ilska och frustration för att hävda sin oskuld. Men Jesus hade ingen ondska så Han besvarade varje fråga med frid, och i anden.

Men Jesus talade inte med andliga ord för att Han inte kunde hävda att Han var syndfri. Han hade redan i sitt hjärta ödmjukt accepterat att bära lidandet på korset för att underordna sig Guds vilja ända till döden. Återigen kan vi se att Jesu lidande på korset är Guds vilja och försyn.

> "'Men ni har en sed att jag friger en fånge åt er vid påsken. Vill ni att jag ska frige judarnas kung åt er?' Då skrek de åter: 'Inte honom, utan Barabbas!' Barabbas var en upprorsman." (18:39-40)

Pilatus kom att tänka på ett kryphål för att kunna frige Jesus.

För att få judarnas välvilja brukade ståthållaren varje påsk frige en fånge som folket fick välja.

Pilatus trodde att arresteringen av Jesus bara var en enkel sammansvärjning mellan översteprästerna och de äldste så folkskarans reaktion överraskade honom. Översteprästernas och de äldstes inflytande på folket var redan för stort. "Inte honom, utan Barabbas!"

Barabbas var en återfallsbrottsling som hade suttit i fängelse för mord och uppror. Men judarna ville avrätta den syndfrie Jesus i Barabbas ställe. Judarna blev ett trofast redskap för Satan som ville döda Jesus.

För att kunna döda Jesus rörde Satan vid deras onda hjärtan; men bakom allt detta var Guds försyn dold. Satan trodde att om han spikade fast Jesus på korset och dödade Honom, skulle hans egen makt och kraft över den här världen bli evig. Men i själva verket grävde han sin egen grav när han tänkte så. Han insåg inte att dödens lag inte kunde tillämpas på Jesus, eftersom Jesus var syndfri.

Vad tror du pågick i Jesu tankar när Han hörde folkets ilskna hot och begär som välde fram som ett rytande hav? Jesus visste givetvis att Han skulle bli förhörd, och fördömd till att ta upp korset eftersom det var Guds försyn och dolda vilja; men Jesus var också vid ett vägskäl av egna känslor just då.

Hur tror du Jesus kände det, när Han såg samma människor som för några dagar sedan hade välkomnat Honom med palmblad nu ropa om Hans korsfästelse? Han var inte ledsen eller frustrerad för att Han tvingades lida fast Han inte gjort något som förtjänade det. Nej. Han var inte ens rädd eller fylld av fruktan över vad Han snart skulle möta. Han var dock förtvivlad över att samma människor som hade skapats till Guds avbild syndade och lydde Satans röst och agerade som hans slavar.

Jesus såg också tillbaka på den tjänst Han hade utfört så här långt. Han lyfte upp ett offer av tacksamhet till Gud, eftersom allt som hade hänt från den stund Han kommit ner till denna värld fram till nu hade skett i enlighet med Guds vilja. Glädje och tacksamhet fyllde Jesu hjärta eftersom Guds vilja och försyn äntligen skulle kunna uppfyllas och bli färdig, tack vare Hans lidande.

Kapitel 19

Jesus på korset

1. Pilatus utfärdar dödsstraffet
   (19:1-16)

2. Jesus spikas fast vid korset
   (19:17-30)

3. Jesus läggs i en grav
   (19:31-42)

Pilatus utfärdar dödsstraffet

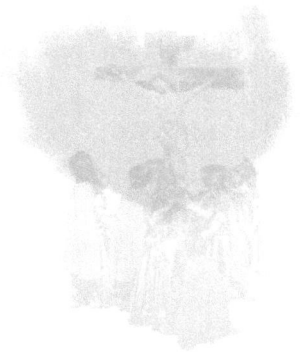

Pilatus befann sig i ett allvarligt dilemma. Eftersom Jesus inte hade någon synd ville Pilatus frige Honom enligt den sed de hade vid påsken, men judarna var så oerhört starkt emot det att han inte visste vad han skulle göra. Skaran av judar som var samlade framför pretoriet skrek åt honom att han skulle släppa mördaren Barabbas fri och i stället döda Jesus, som var utan synd. Vid den här punkten var folkskaran i uppror. *"Du ska inte ha med den där rättfärdige mannen att göra! I natt var jag svårt plågad i en dröm för hans skull"* (Matteus 27:19). Just då kom Pilatus ihåg budskapet som hans fru hade sänt till honom. Men mitt i detta tumult och kaos som aldrig ville dö ut, var han tvungen att fatta ett beslut.

Anledningen till att Jesus blev piskad och krönt med törnekronan

"Då tog Pilatus Jesus och lät gissla honom. Soldaterna flätade en krona av törne och satte på hans huvud och klädde honom i en purpurröd mantel. Sedan gick de fram till honom och sade: 'Var hälsad, judarnas kung!' och slog honom i ansiktet." (19:1-3)

Pilatus tänkte att han först skulle gissla Jesus och sen när folkskaran lugnade ner sig lite, släppa Honom (Lukas 23:22). På den tiden var de romerska soldaterna starka och vältränade. Piskan de använde var gjord av läderband med vassa ben- och metallbitar. Att bara titta på piskan fick människor att bli skräckslagna.

Utan ett uns av medlidande började soldaterna piska Jesus med läderbanden. Varje gång banden träffade och fastnade i Jesu kropp, revs bitar av Hans kött loss och delar av Hans ben exponerades. Från varje sår som banden gjorde sprutade rött blod ut. Efter det tog soldaterna en lång gren med vassa törnen och virade utstuderat ihop den till en krona och satte den på Jesu huvud. Med all sin kraft tryckte de ner den. De vassa törntaggarna stack in i huden och blodet sprutade. Sedan klädde de Honom i en purpurröd mantel, hånade Honom och slog Honom i ansiktet. Purpurrött och krona symboliserar kungadöme, men de klädde Jesus i purpurrött och krona för att håna Honom. En del soldater bugade till och med sig för Honom, som om de tog emot en kung, och sade föraktfullt, "Var hälsad, judarnas kung!"

Ja, Pilatus befallde att detta skulle ske, men han ville inte att det skulle ske. Som det står skrivet i Jesaja 53:5, *"Han var genomborrad för våra överträdelsers skull, slagen för våra missgärningars skull. Straffet var lagt på honom för att vi skulle få frid, och genom hans sår är vi helade"* hade det redan profeterats om denna händelse.

Det står också skrivet i 1 Petrus brev 2:24, *"Genom hans sår är ni helade."* Därför kan vi se att alla dessa händelser hände som en del i uppfyllandet av Guds försyn. Och som det står, *"och utan att blod utgjuts ges ingen förlåtelse"* (Hebreerbrevet 9:22), blev Jesus sårad och utgöt sitt blod för att betala för våra synder. Genom detta offer blev därför synden, som är roten till all sjukdom och alla problem, sonad.

Och anledningen till att Jesus var tvungen att bära törnekronan var också i Guds försyn för att sona alla synder vi begår i tankarna. Det är vanligt att människor har tankar som kommer från osanningen, vilket är motsatsen till Guds vilja. Fienden Satan kontrollerar dessa tankar så att människor växer bort från Gud och inte kan ha tro. Om man fortsätter att ta emot osanna tankar som fienden Satan fortsätter att ge en, resulterar det i evig död, eller helvetet. Det är därför Jesus tog emot törnekronan och betalade för alla synder i våra tankar.

Inte ens när han led från smärtan från banden som söndertrasade Honom eller från törnekronan gjorde Jesus motstånd. I tystnad tog Han emot lidandet (Jesaja 53:7). Han kände snarare sorg över människorna som hånade och gisslade Honom. Han tyckte synd om dem, eftersom de gjorde dessa onda handlingar utan att förstå vad de gjorde. Men för att Han visste att detta var den väg genom vilken frid mellan mänskligheten och Gud och vägen till frälsning för världen som var på väg mot döden skulle upprättas, hade Jesus tålamod och höll ut (2 Korintierbrevet 5:18-20).

> "Pilatus gick ut igen och sade till dem: 'Se här, jag för ut honom till er så att ni förstår att jag inte finner honom skyldig till något.' Jesus kom då ut, klädd i törnekronan och purpurmanteln, och Pilatus sade till dem: 'Se människan!'" (19:4-5)

För att lugna ner skaran och för att få en anledning att släppa Jesus gisslade Pilatus Jesus, och förde Honom sedan ut till pretoriet. "Se här, jag för ut honom till er så att ni förstår att jag inte finner honom skyldig till något."

Nersölad av blod från läderbandens slitningar och från törnekronan var Jesu ansikte inte längre igenkännligt. Inte ens när skaran såg Jesus, som var syndfri, stå inför dem i ett sådant ömkansvärt tillstånd, kände de någon skuld i deras samvete. När de såg blodet blev de i själva verket ännu grymmare. Pilatus sista strategi för att frigöra Jesus hade misslyckats.

> "När översteprästerna och deras tjänare fick se honom, skrek de: 'Korsfäst! Korsfäst!' Pilatus sade då till dem: 'Ta ni och korsfäst honom! Jag finner honom inte skyldig till något.' Judarna svarade: 'Vi har en lag och enligt den lagen måste han dö, för han har gjort sig till Guds Son.'" (19:6-7)

Mitt i skaran skrek översteprästerna och deras tjänare att Jesus skulle korsfästas. Skaran blev kraftigt uppeggad av deras skrikande, så avrättningsdomen genom korsfästelse var bara en tidsfråga. I verkligheten hade de också sett Jesu kraft. De visste att Han botade de sjuka och visade nåd och medlidande för de fattiga och svaga. Men de lyssnade på Satans röst när de skrek att Jesus skulle korsfästas, och de fick skaran att skrika samma sak.

Den fruktan Pilatus kände vid det här tillfället finns tydligt beskrivet i det dokument han sände till kejsaren Caesar i Rom. Det dokumentet finns nu bevarat i St. Sofia-moskén i Turkiet. Det finns det information om hur Jesus blev arresterad, förhörd och avrättad.

"Då befallde jag att han skulle bli gisslad, med förhoppningen att det skulle tillfredsställa dem, men i stället växte deras ilska. Då begärde jag en skål tas in och jag tvättade mina händer inför den upprörda massan, vilket vittnade om att Jesus från Nasaret i mina ögon inte hade gjort något som förtjänade döden; men det var förgäves; det var hans liv dessa onda människor törstade efter.

Ofta i våra civila åtaganden har jag sett rasande folkmassor, men inget kan jämföras med vad jag såg denna gång. Det är mycket möjligt att andarna från alla regioner hade samlats i Jerusalem. Det såg ut som att folkmassan inte gick, utan bars och ven som en virvelvind, och böljade sig som levande vågor från pretoriets portar ända till berget Sion, med skri, rop, skrik, vrål och oväsen, som aldrig tidigare hade hörts i upprörda Pannonia eller i tumult i möten."

Pilatus fylldes plötsligt av fruktan för vad som skulle kunna vara begynnelsen på ett uppror, och att han skulle förlora sitt eget liv. Efter att han förstått att det inte fanns något mer han kunde göra, försökte han avsäga sig ansvaret för domen genom att lämna över Jesus till folket så att de fick hantera situationen själva. "Ta ni och korsfäst honom! Jag finner honom inte skyldig till något."

Som domare var Pilatus säker på att Jesus inte hade någon synd. Men han kunde inte ge en rättvis dom och flyttade över hela ansvaret på folket. Han fruktade för folket och gav efter för dem och lämnade över en oskyldig människa till dem. Så fegt hans beslut var!

Gud ger inte en människa en ond roll och en annan människa en god roll helt på måfå. Han arbetar med varje människa efter vad som finns mitt i personens hjärta. För att uppfylla frälsningsplanen genom Jesu offer på korset blev varenda en som var involverad använd utifrån det kärl som han eller hon var.

"Vi har en lag och enligt den lagen måste han dö, för han har gjort sig till Guds Son."

När de sade "lag" här, menade de "Mose lag" som de strikt höll sig till. Judarna menade att eftersom Jesus kallade sig Guds Son, hade Han begått en synd som måste straffas med döden. Skriftstället som stöder det finns i 2 Mosebok 20:7, *"Du skall inte missbruka HERRENS, din Guds, namn, ty HERREN skall inte låta den bli ostraffad som missbrukar hans namn."* Även 3 Mosebok 24:16 säger, *"Och den som smädar HERRENS namn skall straffas med döden. Hela menigheten skall stena honom. Vare sig det är en främling som smädar Namnet, eller en som är född i landet, skall han dödas."*

Judarna menade att Jesus var en människa precis som de. Det är därför de tänkte att Han hädade Guds namn när Han kallade sig själv Guds Son. Men Jesus missbrukade aldrig Guds namn eller hädade Hans namn. Han gav bara ära till Gud. Det var på grund av deras okunnighet och ondska som de inte kände igen Jesus, som verkligen var Guds sanna Son.

Om de korrekt hade förstått Guds hjärta och vilja som finns i lagen, skulle de inte ha försökt döda Jesus som kom som Messias. Men på grund av deras sätt att förstå "rättfärdighet" av lagen, baserat på deras egna tankar och ramverk, kunde de inte fatta riktigt rätta beslut. De ville hellre döda Jesus för att det var "rätt" att göra.

"Den som har utlämnat mig åt dig har större skuld"

"När Pilatus hörde det blev han ännu mer rädd. Han gick tillbaka in i pretoriet och frågade Jesus: 'Varifrån är du?' Men Jesus gav honom inget svar. Pilatus sade till honom: 'Talar du inte med mig? Vet du inte att jag har makt att frige dig och makt att korsfästa dig?' Jesus svarade: 'Du skulle inte ha någon makt alls över mig om du inte hade fått den från ovan. Därför har den som utlämnat mig åt dig större skuld.'" (19:8-11)

Judarna vidmakthöll att de behövde döda Jesus eftersom Han hävdade att Han var "Guds Son." När Pilatus hörde det blev han ännu räddare. Även fast Pilatus var en hedning kände han en oförklarlig fruktan i närheten av Jesus, eftersom Han inte var som alla andra, och Han hade en andlig makt som ingen annan. Pilatus visste inte vad han skulle göra och gick tillbaka in i pretoriet och frågade Jessus, "Varifrån är du?"

Jesus svarade inte. Han visste att även om Han berättade för Pilatus skulle han ändå lämna över Honom till folkskaran för att han var rädd för dem. Det är precis som det står i Johannes 2:24-25, *"Men själv anförtrodde han sig inte åt dem, eftersom han kände alla och inte behövde höra någon vittna om människan. Han visste själv vad som fanns i människan."* Pilatus själv kände inte ens sitt eget hjärta. Han kände sig bara frustrerad över Jesus, som inte svarade honom. Så han frågade igen: "Vet du inte att jag har makt att frige dig och makt att korsfästa dig?" Även fast han såg sig nervöst omkring och kände sig oroad på grund av pressen från judarna, skröt Pilatus över att han hade makt att förändra situationen. På det gav Jesus honom ett svar som Pilatus kanske, eller kanske inte, förstod, "Du skulle inte ha någon makt alls över mig om du inte hade fått den från ovan."

Pilatus tänkte att det inte fanns någon annan i hela Judeen som hade större makt än han, så han kunde inte förstå det uttalandet. Eftersom all makt och auktoritet tillhör Gud, står någon som är en ståthållare i en mäktig nation som Rom, under Guds auktoritet (Romarbrevet 13:1). Om Gud därför inte lät det ske, skulle ingen kunna göra något. Pilatus kände inte till denna sanning och skröt över sin makt.

Eftersom Gud visste att Pilatus var ganska ytlig och skulle överlämna Jesus till folket, lät Han det här ske, som en del av Hans försyn. När någon med ett ytligt hjärta står inför en svår situation kommer han fatta beslut som är till hans egen fördel. Sådana karaktärsdrag kommer inte upp till ytan i normala omständigheter, men när något möter starkt motstånd eller påfrestande omständigheter kommer han antingen att smita iväg från situationen, eller hitta på en lögn. Om någon har ondska i sitt hjärta kommer det onda att dyka upp till ytan på ett eller annat sätt.

Till slut ger Pilatus efter för judarnas begär, för att bevara sin status och makt. Men det större ansvaret hamnar på Judas Iskariot, som utlämnade Jesus till honom. Det är därför Jesus sade att hans synd är större.

> "Från det ögonblicket försökte Pilatus få honom fri. Men judarna skrek: 'Släpper du honom är du inte kejsarens vän! Den som gör sig själv till kung sätter sig upp mot kejsaren.' När Pilatus hörde de orden, lät han föra ut Jesus och satte sig på domarsätet vid den plats som kallas Stengården, på hebreiska Gabbata." (19:12-13)

På sitt eget sätt försökte Pilatus frige Jesus. Han var inte bekväm med att avrätta någon som inte hade begått något brott, och hans frus dröm störde honom. Just då sade judarna det som fick Pilatus att bestämma sig: "Släpper du honom är du inte kejsarens vän! Den som gör sig själv till kung sätter sig upp mot kejsaren." Både i öst och i väst är straffen för högförräderi döden. Särskilt för en politiker är det ett dödligt brott, och till och med hans familjs liv kan hamna i fara. Pilatus var nu inträngd i ett hörn, och han visste att han också skulle få möta något som konsekvens av denna händelse.

Pilatus rättegång i fruktan för folkmassan

"Det var förberedelsedagen i påskveckan, omkring sjätte timmen. Pilatus sade till judarna: 'Här ser ni er kung!' De skrek: 'Bort med honom, bort! Korsfäst honom!' Pilatus frågade: 'Ska jag korsfästa er kung?' Översteprästerna svarade: 'Vi har ingen annan kung än kejsaren.' Då utlämnade han Jesus åt dem till att korsfästas." (19:14-16)

I ett försök att gripa det sista halmstrået satte sig Pilatus på domarsätet och frågade judarna en sista gång: "Ska jag korsfästa er kung?" Även fast Pilatus var säker på att Jesus inte hade begått något brott var hans hjärta omskakat på grund av den situation han befann sig i. Hans ytliga och flyktiga hjärta syntes tydligt. Judarna var så beslutsamma att se Jesus dö att de förlorade allt förstånd till den grad att de inte ens visste att de sade, "Vi har ingen annan kung än kejsaren."

Judarna sade att de inte hade någon annan kung än Caesar, kejsaren över det romerska imperiet, den nation som styrde över Israel på den tiden. Det var som när folk fick lida under kolonialtiden under en fiendenations styre, det skulle vara högförräderi mot ens eget land att svära allians med fiendenationen. De tvekade inte att säga sådant som var i motsats till deras nationella åsikter, och de sålde till och med ut Guds namn, deras Far och Kung. De var så besatta av tanken på att döda Jesus att de till och med åsidosatte deras tro på HERREN Gud. De var fullständigt uppslukade av deras egen lag och självrättfärdighet att de handlade emot Guds vilja, och för att nå sina mål lade de till och med deras tro åt sidan.

Hellre än att bli anklagad som en förrädare beslöt Pilatus sig för att det var bättre att stå på judarnas sida. Så till slut gav han domen att döda Jesus. Just innan det lät han ta ut en skål med vatten och han tvättade sina händer inför skaran. Det var ett medvetet val han gjorde, för att visa att han inte hade någonting med avrättningen att göra. *"Jag är oskyldig till den mannens blod..."* (Matteus 27:24).

När de såg att deras begäran hade accepterats blev folket ännu mer drastiskt i sina handlingar, *"Låt hans blod komma över oss och våra barn!"* (Matteus 27:25). De hade ingen aning om vilken katastrof dessa ord senare skulle dra ner över dem själva och deras barn. Under de många år som judarna har varit utspridda efter att de förlorade sitt land, och de miljoner judars död i nazisternas armés händer under andra världskriget är konsekvenser som inte helt kan skiljas från dessa ord.

Jesu död var en del av Guds försyn som var planerad sedan före tidernas begynnelse. När planen uppfylldes blev personerna använda antingen som goda eller onda redskap, beroende på vilket typ av kärl han eller hon var. I Pilatus fall slutade det med att han spelade en avgörande roll i Jesu död på grund av hans flyktiga och orättfärdiga hjärta.

Jesus spikas fast vid korset

Efter att Jesus hade dömts till avrättning blev Han piskad ännu mer. Vanligtvis brukade de romerska soldaterna klä av den dömde, böja dem över och binda fast dem vid en pelare eller hörn och piska dem utan barmhärtighet. Det i sig kunde vara nog för att få många dömda att svimma eller dö. Efter denna hårda piskning var även Jesus svimfärdig. Utan att på något sätt bry sig om Honom, tvingade de romerska soldaterna Jesus att bära det tunga korset.

> "De tog med sig Jesus och han bar själv sitt kors och kom ut till det som kallas Dödskalleplatsen, på hebreiska Golgata. Där korsfäste de honom, och tillsammans med honom två andra, en på var sida med Jesus i mitten." (19:17-18)

Så fort någon hade dömts till avrättning genom korsfästelse, var han tvungen att bära korset som han skulle bli fastspikad vid, hela vägen till Golgata, platsen där han till slut skulle spikas fast vid just det korset. Med tunga steg längs den smala vägen "Via Dolorosa" föll Jesus många gånger. Trots att Han var Guds Son, kunde Han inte annat än att bli utmattad, eftersom Han var av kött och ben som vi. De romerska soldaterna blev otåliga och såg till att en man vid namn Simon från Cyrene (i dag Libyen) fick bära korset och följa efter Jesus (Lukas 23:26).

Vad tror du gick igenom Jesu tankar när Han bar korset från Pilatus pretorium hela vägen till Golgata? Han tänkte inte bara på det tunga korset eller det lidande Han kände i sin kropp. När Han bar korset kom Han ihåg mycket som hade hänt. Han tänkte på Guds syfte med att skapa människan och innbörden av den mänskliga kultiveringen. Han tänkte också på den största anledningen till att Han skulle offras som försoningsoffret, och djupt inne i Hans hjärta lyfte Han upp en bön av tacksamhet.

Som det är skrivet i Johannes kapitel 1 var Jesus Ordet som blev kött och kom in i den här världen. Han var ursprungligen med Gud och Han var med Gud från allra första början. Därför visste Han precis allt som hade hänt sedan skapelsen. När Gud skapade himlarna och jorden och allt vad därpå är säger Skriften, *"Och Gud såg att det var gott"* (1 Mosebok 1:25). Men när saker började förändras på grund av människans synd, kände Jesus smärtan tillsammans med Gud Fadern.

Ur mänsklig synvinkel var Jesus inget annat än en fattig, ömkansvärd brottsling där han var, med alla sina efterföljare borta och utan någon styrka eller kraft. Men ur en andlig synvinkel var det en härlighetsfull stund då Jesus skulle uppfylla det största kärleksuppdraget någonsin. Det var för den här stunden Han som hade obegränsad härlighet, makt och kraft hade gett upp allting för att bli försoningsoffer för mänskligheten. Nu var den historiska stunden inne då det stora uppdraget – Guds hemliga plan från tidernas begynnelse: frälsningen för mänskligheten – skulle bli uppfylld.

Till slut nådde de fram till Golgata kulle. Golgata, som på hebreiska betyder "dödskallen" var en avrättningsplats just utanför Jerusalems murar. För att maximera förnedringen tog soldaterna av Jesus hans kläder inför alla åskådare, och lade Honom på korset. Sedan spikade de fast Hans händer och fötter. Det ekande ljudet från hammarslagen gjorde så att kalla kårar gick utmed ryggen på åskådarna.

Det gigantiska korset restes upp som om det sköts upp i skyn. När kroppstyngden flyttades till de fastspikade händerna och fötterna sköt en outsäglig smärta genom hela kroppen. Korsfästelse var den hemskaste avrättningsformen. Jämfört med andra straff är avrättning genom korsfästelse något som åsamkar personen som korsfästs lidande under en väldigt lång tid. Någon gång ibland hände det att bödeln visade barmhärtighet med brottslingen genom att slå sönder hans knäskålar eller sticka ett spjut i hans sida så att han kunde dö snabbare. Men i de flesta fall lämnades brottslingarna för att lida en långsam död som kunde ta allt från en dag till flera dagar. Förutom smärtan från att vara fastspikad vid korset, led den korsfäste också av allvarlig vätskebrist och svikt av alla organen i kroppen på grund av dålig cirkulation. Förutom det var han tvungen att stå ut med insekter som svärmade runt på grund av blodlukten!

Men Jesus led från kl. 9 på morgonen till 15 på eftermiddagen. Han dog inom 6 timmar, vilket var mot normen. Samtidigt korsfästes två rånare tillsammans med Jesus – en på vardera sidan om Honom. Det var en hemlig, genomtänkt uträkning av judarna som ville få Jesus att se ut som om Han betalade priset för någon synd, precis som rånarna gjorde.

> "Pilatus lät också skriva ett anslag som sattes upp på korset. Där stod skrivet: 'Jesus från Nasaret, judarnas kung.' Anslaget lästes av många judar, eftersom platsen där Jesus blev korsfäst låg nära staden och texten var skriven på hebreiska, latin och grekiska. Då sade judarnas överstepräster till Pilatus: 'Skriv inte judarnas kung, utan att han har sagt: Jag är judarnas kung.' Pilatus svarade: 'Det jag skrivit har jag skrivit.'" (19:19-22)

Pilatus var feg som lämnade över Jesus till folket av fruktan för dem, men till slut lyssnade han på sitt samvete. Därför fick han soldaterna att skriva ett anslag som sattes upp på korset: "Jesus från Nasaret, judarnas kung." Han skrev inte anslaget för att håna Honom eller göra sig rolig över Honom. Pilatus kände verkligen att Jesus var judarnas Kung.

Översteprästerna såg anslaget och blev rasande. Som om de hade varit offer för en allvarlig förseelse, tvekade de inte att säga till Pilatus att ändra på anslaget till "Han har sagt: Jag är judarnas Kung." Ända till slutet försökte de rättfärdiga sitt beteende genom att lägga till orden "Han har sagt" så att det skulle se ut som att Jesus var en syndare. Men genom att säga "Det jag skrivit har jag skrivit" uttryckte Pilatus än en gång, att i

Hans ögon hade Jesus inte begått något brott.

Till och med i den här situationen tänkte Jesus på Guds kärlek. Han kände Guds kärlek, som inte ens höll tillbaka sin Enfödde Son för att rädda människorna som hade blivit slavar till fienden djävulen och Satan och var på väg mot döden. När det gäller Guds kärlek står det i 1 Johannes brev 4:9-10, *"Så uppenbarades Guds kärlek till oss: han sände sin enfödde Son till världen för att vi skulle leva genom honom. Detta är kärleken: inte att vi har älskat Gud, utan att han har älskat oss och sänt sin Son till försoning för våra synder."*

Försynen bakom att soldaterna delade Hans kläder och kastade lott om Hans livklädnad

"När soldaterna hade korsfäst Jesus tog de hans kläder och delade upp dem i fyra delar, en för varje soldat. Men livklädnaden var utan sömmar, vävd i ett enda stycke uppifrån och ner. Därför sade de till varandra: 'Vi skär inte sönder den utan kastar lott om vem som ska få den.' Skriften skulle nämligen uppfyllas: De delade mina kläder mellan sig och kastade lott om min klädnad. Så gjorde nu soldaterna." (19:23-24)

Efter att soldaterna hade korsfäst Jesus gjorde de något de inte brukade göra. De talade med varandra och beslöt sig för att dela upp Jesu yttre och inre klädnad mellan sig. De delade den yttre klädnaden i fyra delar, en för var soldat, och sedan funderade de på vad de skulle göra med Hans livklädnad eftersom den var vävd i ett enda stycke. Till slut bestämde de sig för att kasta lott för att se vem som skulle få den. "Vi skär inte sönder den utan kastar lott om vem som ska få den."

Utåt sett såg det ut som om dessa soldater bara delade upp kläderna och kastade lott på egen hand, men ur ett andligt perspektiv var det inte så. Det hade redan profeterats om denna händelse i Psaltaren 22:18, *"De delade mina kläder mellan sig och kastade lott om min klädnad."* Trots att soldaterna förmodligen tänkte att de bara gjorde vad de ville göra, hände allt detta för att Gud hade planerat för det. Jesu kläder var inte alls dyra eller värdefulla nog för att soldaterna skulle vilja dela upp de och behålla för sig själva. Men varför delade de Hans kläder och kastade lott om Hans livklädnad mellan sig?

Om vi tar en titt på Israels historia efter år 70 e Kr kan vi se varför det här hände. Eftersom Jesus var judarnas Kung symboliserar Hans kläder Israel, eller det judiska folket. Att soldaterna delade Jesu kläder i fyra delar och tog var sin del är en skuggbild på att nationen Israels identitet skulle delas upp av hedningarna, och dess folk skulle spridas ut över hela landet. Det var en profetia om att nationen Israel till slut skulle gå under av romarna, eftersom judarna själva dödade Jesus, som kom som deras Kung och deras Messias.

År 70 e Kr intog den romerska generalen Titus Israel och templet förstördes så att ingen sten lämnades på en annan sten. 1,1 miljoner judar dödades, och enbart omkring 9 000 eller så överlevde. De som överlevde togs antingen till fånga eller spreds ut. Det är en av orsakerna till att det judiska folket än i dag är utspritt över hela världen.

Medan Jesu yttre klädnad symboliserar Israels fysiska perspektiv, symboliserar Hans inre klädnad Israels folks inre hjärta. Att Jesu livklädnad var sömlös, alltså vävd i ett stycke, betyder att ända sedan Israels födelse genom Jakob fram till modern tid, har dess arv aldrig blandats med hedningar, vilket betyder att nationen Israel består av ett homogent folk. Att livklädnaden inte blev delad som den yttre klädnaden blev utan togs i en del efter att de hade kastat lott om den, betyder att deras nationalitet, deras hjärta för att tjäna Gud, inte är sönderriven, utan är väl bevarad.

Det var en profetia om att Israels hjärta gentemot Gud aldrig har förändrats, trots att nationen blev förgjord genom hedningarnas händer och dess område utplånat. Precis som Jesu livklädnad var vävd i ett stycke och inte kunde rivas sönder, kunde israeliternas hjärtan inte rivas sönder, och deras nation kunde återfödas. Nittonhundra år efter att de förlorat sin suveränitet återfick nationen Israel sitt oberoende den 14 maj 1948, och överraskade hela världen. Och på bara en kort tid efter det har nationen Israel utvecklats till ett av de mest framgångsrika länderna i världen, vilket bevisar att det israeliska folket är ett särskilt folk.

"Vid Jesu kors stod hans mor och hennes syster, Maria som var Klopas hustru, och Maria Magdalena. När Jesus såg sin mor och bredvid henne den lärjunge som han älskade, sade han till sin mor: 'Kvinna, där är din son.' Sedan sade han till lärjungen: 'Där är din mor.' Från den stunden tog lärjungen hem henne till sig." (19:25-27)

Nära Jesu kors stod människor som ville håna Honom och se Honom dö; men vid Hans kors fanns också Hans älskade lärjunge och kvinnorna som tog emot Hans nåd. Dessa människor hade varit i sådana situationer i livet där de skulle ha dött; men på grund av Jesus fick de nytt liv, och deras sorgliga liv förvandlades till värdefulla. När de fick höra att Jesus hade gripits, sprang de till Jesus, ända tills Han tog sitt sista andetag var de där vid Hans sida. Till och med medan Han led på korset tänkte Jesus på jungfru Maria och sade till henne, "Kvinna, där är sin son" och till honom, "Där är din mor."

Här handlar "son" om Hans älskade lärjunge Johannes. Jesus sade till Maria att hon skulle ta hand om Johannes som sin egen son från och med nu, och till Johannes att Han skulle bli ett Guds barn, och ta hand om Maria som om hon var hans egen mor.

Och anledningen till att Jesus kallade Maria "kvinna" i stället för "mor" har en andlig betydelse. Jesus var helt enkelt född genom jungfru Marias kropp, inte genom hennes ägg. Han blev till genom den Helige Ande och är ett med Gud. Gud Skaparen är vem Han är (2 Mosebok 3:14), och Han är den förste och den siste (Uppenbarelseboken 1:17, 2:8), så Han kan inte ha någon mor. Det var därför Jesus inte kallade Maria för "mor" här.

Även fast hon inte var Jesu mor, kände Han hennes hjärta. Jesus förstod Maria, som såg Jesus växa från födseln och mogna, och Han förstod hennes hjärta bättre än någon annan. Hur kunde Maria uttrycka sin smärta över att se Jesus, som hon älskade mer än sitt eget liv, dö en sådan fruktansvärd död på korset?

"Herre, min Herre! Genom Guds nåd lät Han Dig komma in i den här världen genom denna fattiga och ömkansvärda tjänarinna, men att stå här nere och se Dig där uppe får mitt hjärta att brista. Varje stund jag såg på Dig under Din uppväxt kändes det som om jag mötte Fadern i himlen... Jag var alltid så försiktig och beskyddande över varje hår på Ditt huvud... när jag såg Dig växa var jag alltid så orolig i mitt hjärta över om Du skulle bli skadad, så att Han inte skulle vanhedras på något sätt... men nu när jag måste se detta fruktansvärda lidande, vad ska jag göra, Herre? Vad ska jag göra? Mitt stackars hjärta kan inte tröstas..."

Eftersom Jesus verkligen kände Marias hjärta så väl, bad Han Johannes ta hand om henne som sin egen mor. Det här lär oss att i tron är alla bröder och systrar, en familj. Matteus 12:48-50 beskriver att: *"Han svarade: 'Vem är min mor? Och vilka är mina bröder?' Han räckte ut handen mot sina lärjungar och sade: 'Här är min mor och mina bröder. Den som gör min himmelske Fars vilja är min bror och min syster och min mor'"* vilket lär oss om den "andliga familjen."

Från den stunden och vidare tjänade Johannes Maria som om hon var hans egen mor och lät henne få bo hos honom. När han lyssnade på Marias berättelser om Jesu uppväxt fick han större förvissning om att Han verkligen var Kristus; och därför kunde han ta sin kallelse på fullt allvar.

Jesus dör på korset

"Jesus visste att allt nu var fullbordat. Han sade sedan för att Skriften skulle uppfyllas: 'Jag törstar.' Där stod en kruka full med ättikvin, och de satte en svamp full med ättikvin runt en isopstjälk och förde den till hans mun. När Jesus hade fått ättikvinet, sade han: 'Det är fullbordat.' Och han böjde ner huvudet och överlämnade sin ande." (19:28-30)

Jesus visste att Han inte hade så länge kvar att leva. Och ju närmare Han kom sin död, desto mer pressat blev Hans hjärta för alla själarnas skull. "Jag törstar."

Eftersom Han hade tappat så mycket blod under en lång tid i den heta solen var Han givetvis törstig. Men när Jesus sade, "Jag törstar" var det inte bara för att Han fysiskt kände sig törstig. Det var också ett uttryck för Hans törstande hjärta efter frälsning för alla själar som var döende på grund av deras synd.

Människorna förstod inte den andliga betydelsen bakom Jesu ord fyllde en svamp med ättikvin runt en isopstjälk och förde den till hans mun. Profetian från Psaltaren 69:22 som säger, *"De gav mig galla att äta och ättika att dricka i min törst"* blev uppfylld. Andlig sett symboliserar vin blod. Att Jesus drack surt vin symboliserar det faktum att Han fullbordade Gamla testamentets lag med kärlek, och att Han tog synderna och förbannelserna som kommit över mänskligheten på sig själv. På Gamla testamentets tid, innan Jesus kom till världen, var den som hade syndat tvungen att döda ett djur och offra det som ett offer.

Men eftersom Jesus blev fastspikad vid korset, utgöt sitt blod för oss, och gav det eviga offret (Hebreerbrevet 10:10) behöver vi inte längre döda och offra djur. Vi behöver helt enkelt acceptera Jesus Kristus med tro, och då tar vi emot förlåtelse för våra synder. Det sura vinet representerar lagen i Gamla testamentet, och nytt vin representerar frälsningsnåden genom Jesus Kristus. Så för att kunna ge oss detta nya vin var Jesus själv tvungen att dricka det sura vinet i vårt ställe.

Jesus var törstig eftersom Han utgöt sitt blod. Han kände sig törstig för att Han hade utgjutit sitt heliga blod för att frälsa oss. Så för att kunna släcka Herrens törst behöver vi upptäcka det sanna värdet i Hans blod. Vi behöver leda alla människor – vars liv Jesus köpte och betalade för med sitt blod – till vägen till frälsning. Efter att ha druckit det sura vinet bekände Jesus, "Det är fullbordat." Detta betyder att Han hade förgjort syndamuren som stod emellan Gud och människan, och att Han hade fullbordat frälsningens väg. Efter att ha uppfyllt sitt uppdrag ropade Jesus ut: *"Far, i dina händer överlämnar jag min ande"* (Lukas 23:46).

Efter Han hade sagt det, böjde Han ner sitt huvud och drog sitt sista andetag. Det står uttryckt i Skriften som "överlämnade sin ande." Det innebär att Frälsaren, Jesus, som hade fullbordat vägen till frälsning, skulle återvända till sin härlighetsfulla position.

I de fyra evangelierna finns alla Jesu sista ord när Han dog på korset nedskrivna. Dessa ord kallas "De sju sista orden på korset" och var och en av dessa ord innehåller en djup, andlig innebörd. Lärjungarna och kvinnorna vid korsets fot som bara kunde se på medan Jesus dog, grät och sörjde bittert. En av dem var Maria Magdalena, som grät och tröstade jungfru Maria.

"Herre, vem är mer dyrbar för mig än mitt eget liv...
Herre, Du som gav mig nytt liv och har fört mig så här långt...
Jag var så gott som död, och jag hade inget liv.
Men jag mötte Dig, och fick nytt liv.
Du befriade mig från mitt lidande
Och ledde mig till att leva som en sann person.
Herre, hur kan Du vara där uppe?
Hur kan Du lida där uppe?
Herre, jag kan inte leva utan Dig.
Om bara jag skulle kunna spara blodet
Du blöder där uppe...
Om jag bara kunde ta Ditt lidande på mig själv...
Hur kan jag lindra Din smärta?
Hur kan jag dela Ditt lidande?
Herre, varför kommer Du att dö så här?"

Maria Magdalena grät bittert vid korsets fot eftersom hon kände sig så hjälplös, för allt hon kunde göra var bara att se Jesus lida. Trots att hon bara var en svag kvinna, och inte kunde göra något annat förutom att gråta, var hennes kärlek till Jesus likt ingen annans. Den sanna kärleken i hennes hjärta berörde Guds hjärta. Det var därför hon senare fick ta emot välsignelsen att vara den första personen som mötte Herren efter Hans uppståndelse.

Jesus läggs i en grav

Det var omkring kl. 15 på eftermiddagen som Jesus dog. Då förlorade solen sitt ljus så det blev mörkt överallt. Marken skakade och klippor rämnade. Man kunde verkligen känna den ångest och sorg som Gud kände över mänsklighetens ondska. Samtidigt som Jesus dog, revs förhänget i templet mitt itu, uppifrån och ner (Lukas 23:44-45).

"Templets förhänge" är den gardin som delar det Heliga från det Allra heligaste. Eftersom det Heliga var det område där Guds närvaro var, kunde en vanlig person inte gå in dit. Och det Allra heligaste var en plats dit endast översteprästen en gång per år kunde gå in. Att förhänget i templet revs mitt itu symboliserar hur Jesus förgjorde syndamuren genom att bli försoningsoffret. Det är därför den som tror på Jesus Kristus nu kan gå in i templet och tillbe, och också be direkt till Gud

::: Jesu sista väg och minneskyrkan

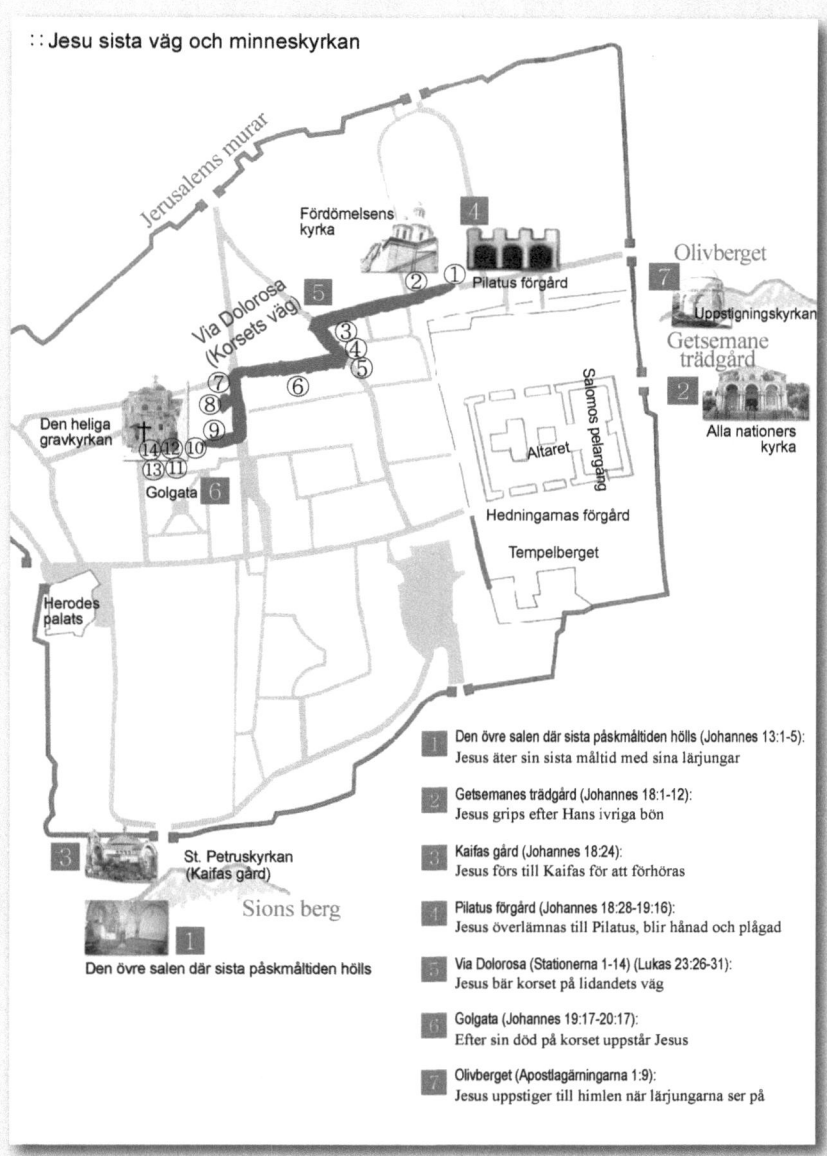

1. Den övre salen där sista påskmåltiden hölls (Johannes 13:1-5):
   Jesus äter sin sista måltid med sina lärjungar

2. Getsemanes trädgård (Johannes 18:1-12):
   Jesus grips efter Hans ivriga bön

3. Kaifas gård (Johannes 18:24):
   Jesus förs till Kaifas för att förhöras

4. Pilatus förgård (Johannes 18:28-19:16):
   Jesus överlämnas till Pilatus, blir hånad och plågad

5. Via Dolorosa (Stationerna 1-14) (Lukas 23:26-31):
   Jesus bär korset på lidandets väg

6. Golgata (Johannes 19:17-20:17):
   Efter sin död på korset uppstår Jesus

7. Olivberget (Apostlagärningarna 1:9):
   Jesus uppstiger till himlen när lärjungarna ser på

(Hebreerbrevet 10:19-20).

Anledningen till att Jesu ben inte krossades

"Det var förberedelsedag, och judarna ville inte att kropparna skulle hänga kvar på korset över sabbaten, eftersom det var en stor sabbatsdag. Därför bad de Pilatus att de korsfästas ben skulle krossas och kropparna tas bort. Soldaterna kom då och krossade benen på den förste, och sedan på den andre som var korsfäst tillsammans med honom. Men när de kom till Jesus och såg att han redan var död, krossade de inte hans ben." (19:31-33)

Dagen som Jesus korsfäste på var på förberedelsedagen. "Förberedelsedagen" var på fredag, så det var dagen då sabbaten förbereddes. Sabbatsdagen var en helig dag, så ingen kunde utföra något arbete på den dagen. Lagen sade att det inte var lagligt att låta en kropp hänga kvar över natten då judarna gick till Pilatus och bad att de korsfästa brottslingarnas ben skulle krossas.

Enligt romersk sed lämnades brottslingens döda kropp kvar på korset som en varning till andra människor. Det var därför judarna var tvungen att få tillåtelse från Pilatus innan de gjorde något med de korsfästa kropparna. Det brukade ta lång tid för de som korsfästs att dö, eftersom de kunde få lite avlastning för armarna och bröstkorgen genom att stå på sina fötter. Men om deras ben krossades avbröts cirkulationen omedelbart och på grund av att det blev svårt att andas och njurarna sviktade dog de mycket fortare.

På Pilatus befallning krossade soldaterna benen på de två brottslingarna på vardera sidan om Jesus. När de kom till Jesus och såg att Han redan var död, krossade de inte Hans ben. Det innehåller också en andlig betydelse. Jesus dog på korset som en del av Guds försyn, inte för att Han hade syndat. Därför kunde inte Hans ben krossas som det gjordes på brottslingarna.

Som det står skrivet i Psaltaren 34:21, *"Han bevarar alla hans ben, inte ett enda av dem ska krossas"* såg Gud till att Hans ben inte krossades. Det var samma anledning till att Gud sade till israeliterna att äta lammet, men inte bryta något av dess ben (2 Mosebok 12:46, 4 Mosebok 9:12). Ett lamm är en symbol för Jesus, som var utan någon fläck eller skrynkla.

Anledningen till att Jesus blev stucken i sin sida och utgöt allt sitt vatten och blod

"I stället stack en av soldaterna upp hans sida med sitt spjut, och genast kom det ut blod och vatten. Den som har sett det har vittnat för att också ni ska tro. Hans vittnesbörd är sant, och han vet att han talar sanning. Detta hände för att Skriften skulle uppfyllas: Inget av hans ben ska krossas. Och ett annat ställe i Skriften säger: De ska se upp till honom som de har genomborrat." (19:34-37)

Även fast de redan hade bekräftat att Jesus redan var död tog en av soldaterna ett spjut och stack upp det i Hans sida. Även om han bara gjorde det för att kontrollera att Jesus verkligen var död, kan vi se människans onda natur här. Från den sida som Han blev stucken med det vassa spjutet kom det genast ut blod och vatten. Det var bevis på att Jesus kom som en människa.

Trots att Han inte blev avlad genom människans blodslinje, kom Han in i den här världen som fullständig människa – i form av skapelsen. Och, ända till den stund Han tog sitt sista andetag uppfyllde Han fullständigt sitt uppdrag. Trots att Han i sitt ursprung är ett med Gud, kom Han in i den här världen i en människas kropp och bekräftade sin kärlek för oss till den grad att Han utgöt allt blod och vatten från sin kropp.

Det finns ännu en andlig innebörd i att Jesus utgöt allt sitt blod och vatten. Blod symboliserar liv (3 Mosebok 17:14), och vatten symboliserar Guds Ord. Genom att Jesus utgöt sitt blod och vatten symboliserar det hur Han återlöste hela mänskligheten med sitt liv och Guds Ord, och förgjorde på så sätt den mur av synd som fanns mellan Gud och människan. Och på grund av det här offret är vi inte bara befriade från synd, utan också från alla förbannelser som kommer från synden, som sjukdomar, prövningar och lidanden.

För det köttsliga ögat ser det ut som att något fruktansvärt och hemskt hände med denne unge man som hette Jesus, som blev korsfäst och stucken med ett spjut i sin sida. Men för andliga ögon var det här en händelse som bar fullständig frukt i Guds kärlek. Bibelns ord är sanna, och de är sanning. Hela Skriften är utandad av Gud (2 Timoteusbrevet 3:16). Därför hör alla ord i Gamla och Nya testamentet ihop i fullständiga par, och alla profetior har antingen redan blivit uppfyllda, eller kommer att uppfyllas (Jesaja 34:16).

Det står skrivet i vers 37, "Och ett annat ställe i Skriften säger: De ska se upp till honom som de har genomborrat." I Uppenbarelseboken 1:7 står det, *"Se, han kommer med molnen, och varje öga ska se honom, även de som genomborrat honom. Och jordens alla stammar ska jämra sig för hans skull. Ja, amen."* Orden "Varje öga ska se honom [...] som de har genomborrat" uttrycker det faktum att de kommer att se den uppståndne Herren igen, och också att Herren kommer tillbaka i de sista dagarna. Därför är planen och försynen med frälsning genom Jesus Kristus inte bara fullkomlig i sin timing, den har också blivit fullständigt och perfekt konfigurerad.

Josef från Arimatea, som förberedde graven för Jesus

> "Josef från Arimatea, som var lärjunge till Jesus fast i hemlighet av rädsla för judarna, bad sedan Pilatus om att få ta ner Jesu kropp. Pilatus tillät det, och Josef gick då och tog hand om hans kropp." (19:38)

Så snart Jesus hade dömts till korsfästelse var det inte bara Hans lärjungar, utan de flesta av de som följde Honom som gömde sig i fruktan. För att kunna bevara sin älskade Sons kropp, inspirerade Gud en man som hade fått uppleva Hans nåd till att förbereda för Hans begravning. Först fick Han Josef från Arimatea att förbereda en grav där Jesu kropp kunde läggas. Bibeln kallar honom en rik man (Matteus 27:57), en högt uppsatt rådsherre, och en som väntade på Guds rike (Markus 15:43). Han var också en god och rättfärdig man, som inte höll med i Sanhedrins konspiration att gripa och döda Jesus (Lukas 23:50-51).

Det var inte lätt för en medlem av Sanhedrin att öppet säga att han var lärjunge till Jesus. Judarna hade redan bestämt sig för att utesluta den som bekände att Jesus var Kristus ur synagogan (Johannes 9:22). Det var därför Skriften sade, "Josef från Arimatea, som var lärjunge till Jesus fast i hemlighet av rädsla för judarna" för att Josef inte öppet hade deklarerat att han var en lärjunge. Vi kan se hur fientlig atmosfären måste ha varit på den tiden, för den som trodde att Jesus var Frälsaren.

Trots att Josef från Arimatea dolde det faktum att han var en lärjunge till Jesus kunde han bara inte ignorera Jesu död. Det var därför han anmälde sig frivilligt att ordna med Hans begravning. Diskret gick han till Pilatus och bad om att få ta ner Jesu kropp (Markus 15:43). Pilatus, som fortfarande kände sig oerhört obekväm med Jesu död, blev lättad och lät Josef göra det.

Nikodemus som förberedde kryddorna för begravningen

"Även Nikodemus kom dit, han som första gången hade kommit till Jesus på natten. Han hade med sig en blandning av myrra och aloe, omkring trettio kilo. De tog Jesu kropp och lindade den med linnebindlar tillsammans med de väldoftande salvorna, så som judarna brukar göra vid begravningar. Vid platsen där Jesus hade blivit korsfäst låg en trädgård, och i trädgården fanns en ny grav där ännu ingen hade blivit lagd. Där lade de Jesus, eftersom det var judarnas förberedelsedag och graven låg nära." (19:39-42)

Förutom Josef från Arimatea fanns det en annan man som förberedde för Jesu begravning. Det var Nikodemus, en medlem av det judiska rådet. Han hade kommit till Jesus tidigare och hört Honom tala om att bli "född på nytt" och efter det förstod han att Jesus var en gudsman, och vid ett senare tillfälle försvarade han Honom (Johannes 3:7). Han tog med sig en blandning av myrra och aloe som vägde omkring 30 kilo, och lindade Jesus med linnebindlar och väldoftande salvor. Att linda kroppen med linne och väldoftande kryddor och lägga kroppen i en grav var en judisk begravningssed.

Den mängd kryddor som Nikodemus tog med sig var den mängd som som används för en kunglig begravning. Han trodde från sitt hjärtas centrum att Jesus var mycket mer värdefull än någon kung i denna värld. En grav som aldrig tidigare hade använts fanns nära korsfästelseplatsen. Vi kan se Guds kärlek och försörjning här också. Genom att i förväg förbereda de människor som hade tagit emot Hans nåd, såg Gud till att Jesu begravning var förberedd och utförd på ett komplett sätt.

Vi måste se tillbaka på oss själva och se om vi också kan göra vad Josef från Arimatea och Nikodemus gjorde. Josef från Arimatea och Nikodemus var medlemmar i Stora rådet; och på grund av deras positioner måste det därför ha varit väldigt svårt för dem att vara öppna med vad de gjorde. Om de hade tänkt på de negativa konsekvenserna de skulle få möta, hade de inte kunnat annat än att vara rädda. Men på grund av nåden de hade tagit emot från Jesus, och för att de älskade Honom, kunde de vara frimodiga. När de tjänade Gud och Herren tänkte de inte på sitt eget bästa eller lade till köttsliga tankar. I stället handlade de enbart utifrån sann tro och kärlek.

Kapitel 20

Jesus som uppstod

1. De som kom för att besöka den tomma graven
(20:1-10)

2. De som fick möta den uppståndne Herren
(20:11-23)

3. "Du tror därför att du har sett mig"
(20:24-31)

De som kom för att besöka den tomma graven

De fyra evangelierna beskriver Jesu tjänst, men varje evangelium har sitt specifika och unika innehåll. Skillnaderna härstammar från de olika perspektiv som författarna, som var inspirerade av den Helige Ande, hade. Förutom det är all information som är nedskriven i evangelierna den absoluta sanningen. Aposteln Johannes, som skrev Johannes evangelium, skrev till exempel om uppståndelsen centrerad kring Maria Magdalena. Det berodde på att han var väl medveten om hur mycket Maria Magdalena älskade Herren, och hur mycket Herren älskade henne.

I Matteus evangelium står det skrivet att "Maria Magdalena och den andra Maria" gick för att besöka graven (Matteus 28:1), och i Lukas evangelium står det helt enkelt "kvinnorna" (Lukas 23:55). Så när vi sätter samman alla dessa beskrivningar får vi en tydligare bild av vad som hände.

Maria Magdalena var den första som upptäckte den tomma graven

"Tidigt den första veckodagen, medan det ännu var mörkt, kom Maria Magdalena ut till graven och fick se att stenen var borta från graven. Hon sprang därifrån och kom till Simon Petrus och den andre lärjungen, den som Jesus älskade, och sade till dem: 'De har tagit bort Herren från graven, och vi vet inte var de har lagt honom!'" (20:1-2)

De som trodde på Jesus och följde Honom blev verkligen traumatiserade när Jesus blev korsfäst, och de kunde inte hjälpa att de kände sig bittra. Maria Magdalena, jungfru Maria och några andra kvinnor stod vid korsets fot när Jesus dog. Överväldigade av sorg kunde de inte lämna korset. Så de stannade där och såg på när Josef från Arimatea tog ner Jesu kropp, förberedde för Hans begravning och lade in Honom i graven (Lukas 23:50-55).

Eftersom nästa dag var sabbat beslutade Josef från Arimatea, som var en medlem av Stora rådet, att ta saken i egna händer. När Nikodemus kom med kryddorna, svepte de två männen kroppen med linnebindlar och salvorna och lade Jesu kropp i en närliggande grav. Efter begravningen rullade Josef för en stor sten framför gravens öppning. Det var då kvinnorna kom på vad de behövde göra och skyndade sig iväg därifrån för att köpa kryddorna och parfymen de skulle lägga på Jesu kropp. De skyndade sig iväg eftersom dagen snart var till ända och sabbatsdagen skulle börja, vilket betyder att de inte skulle kunna köpa eller sälja något då.

Eftersom deras hjärtan var fullständigt upptagna av Jesus som nu var död, visste inte kvinnorna hur de skulle fira deras sabbat. Några kvinnor skyndade sig att förbereda sig för att gå till graven tidigt nästa morgon dagen efter sabbaten. Men en oväntad syn väntade kvinnorna som oroade sig över hur de skulle kunna flytta den stora stenen som stod framför gravöppningen. Graven var redan öppen och ingen visste vem som hade flyttat på stenen.

Efter att ha blivit väldigt förvånade av den öppna graven gick Maria Magdalena och kvinnorna närmare för att titta in i graven, och de kunde inte se Jesu kropp. Då visade sig två änglar omgärdade i klart, strålande ljus framför dem. *"Varför söker ni den levande bland de döda? Han är inte här, han har uppstått!"* (Lukas 24:5-6).

Kvinnorna hörde av änglarna att Jesus hade uppstått från de döda, men de var så chockade att de inte riktigt förstod vad änglarna menade. Helt överväldigade över att ha sett de strålande änglarna och vissheten om att Jesu kropp inte fanns i graven, sprang de iväg från platsen, som i dimma. Maria Magdalena fann Petrus och Johannes och berättade nyheten för dem: "De har tagit bort Herren, och vi vet inte var de har lagt Honom!"

Det Maria sade skakade både Petrus och Johannes. Ja, Jesus hade berättat för sina lärjungar att Han skulle dö och sedan uppstå igen på den tredje dagen (Matteus 17:22-23). Men efter att personligen ha sett Jesus dö, var de så traumatiserade att de inte kunde komma ihåg vad Jesus hade sagt. De trodde verkligen att någon måste ha stulit Jesu kropp.

Petrus och Johannes kontrollerar den tomma graven

"Då rusade Petrus och den andre lärjungen ut mot graven. Båda sprang på samma gång, men den andre lärjungen sprang fortare än Petrus och kom först fram till graven. Han lutade sig in och såg linnebindlarna ligga där, men han gick inte in. Strax efter honom kom Simon Petrus. Han gick in i graven och såg också linnebindlarna ligga där, och duken som hade täckt huvudet. Den låg inte tillsammans med bindlarna utan hopvikt på ett ställe för sig. Då gick även den andre lärjungen in, han som hade kommit fram till graven först, och han såg och trodde." (20:3-8)

När Petrus och Johannes hörde nyheterna från Maria Magdalena sprang de till graven. Johannes, som sprang fortare än Petrus, kom först till graven. Han tittade in i graven. Han kunde inte se kroppen, bara linnebindlarna som låg där.

Petrus kom strax efter honom med andan i halsen, och gick rakt in i graven. Hur han än letade med blicken, såg han bara linnebindlarna och ansiktsduken. Det konstiga var att linnebindlarna låg på ett ställe för sig och duken för ansiktet på ett annat ställe. Duken var fint hopvikt på sitt ställe. Sedan kom

Johannes in efter Petrus och såg samma sak.

Det faktum att ansiktsduken var fint hopvikt bevisar att Herren hade uppstått. Om någon verkligen hade stulit Jesu kropp, precis som de judiska myndigheterna hade fruktat, skulle det inte finnas en chans att de skulle lämna graven i så fint tillstånd. De skulle bara antingen bara ha tagit kroppen med linnebindlarna fortfarande runt den; eller så skulle de ha tagit av bindlarna, men de skulle ha gjort det så hastigt att de måste lämna graven i oordning, med linnebindlarna utspridda över hela graven. Men Petrus och Johannes såg att graven snarare var städad och fin på insidan.

> "Tidigare hade de nämligen inte förstått Skriftens ord att han måste uppstå från de döda. Därefter gick lärjungarna hem igen." (20:9-10)

Psaltaren 16:10 säger, *"För du lämnar inte min själ åt dödsriket, du låter inte din Helige se förgängelsen."* Lärjungarna visste inte att det var en profetia om Jesu uppståndelse. De insåg detta först efter att de personligen hade mött den uppståndne Herren. Herrens uppståndelse fanns inte bara profeterad om i Gamla testamentet, även Jesus hade talat om den. Men lärjungarna var skakade och oroliga på grund av den situation de befann sig i och såg med sina fysiska ögon.

Pilatus rapport till den romerska kejsaren Cesar ger en detaljerad beskrivning om denna händelse.

> "Dagen efter Han blev begravd kom en av

prästerna till pretoriet och sade att de var så rädda att
Hans lärjungar tänkte stjäla Jesu kropp och gömma
den, och sedan få det att verka som att Han hade
uppstått från de döda, som Han hade förutsagt, och
som lärjungarna var fullständigt övertygade om. Jag
sände kaptenen över det kungliga gardet (Malkus)
till honom för att säga till honom att ta de judiska
soldaterna, placera så många omkring graven som
det behövdes; och om något sedan skulle hända
kunde de skylla på sig själva och inte på romarna.

När det sedan blev stor uppståndelse kring det att
graven hade befunnits tom, kände jag en djupare
begrundan som jag aldrig känt förut. Jag kallade
på den här mannen Islam, som berättade det jag nu
påminner mig själv om när det gäller händelserna.
De såg ett mjukt och vackert ljus över graven. Först
trodde han att det var kvinnorna som hade kommit
för att balsamera Jesu kropp, som det var deras sed,
men han kunde inte se hur de hade kunnat gå förbi
vakterna. Medan dessa tankar gick igenom hans
sinne, blev hela platsen upplyst och det såg ut att
vara mängder av döda i sina begravningskläder.

Alla verkade upprymda och ropade, medan allt
runt omkring och ovan var fyllt av den vackraste
musik han någonsin hade hört och det verkade som
att hela luften var fylld av röster som prisade Gud.
Då kändes det som om jorden gungade och svajade
till och han kände sig sjuk och svag och kunde inte

förbli stående. Han sade att jorden verkade svaja under honom, och han visste inte var han befann sig eller vad som just hände.

Jag frågade honom i vilket tillstånd han var när han kom tillbaka till sig själv. Han sade att han låg på marken med ansiktet neråt. Jag frågade honom om hans yrsel inte kunde ha kommit från att ha vaknat upp och ställt sig för hastigt som det ibland kan bli då. Han sade att han inte hade sovit, eftersom straffet för att sova under tjänst var döden. Han sade att några av soldaterna sov vid ett tillfälle och några sov just då. Jag frågade honom hur länge scenen varade. Han svarade att han inte visste, men han trodde det var omkring en timme. Jag frågade honom om han gick fram till graven efter att han kommit tillbaka till sig själv. Han sade nej; eftersom han var rädd för att så snart avlösningen kom skulle de få gå till barackerna.

Jag frågade honom om han hade blivit utfrågad av prästerna. Han sade att det hade han. De ville att han skulle säga att det var en jordbävning, och att de sov, och erbjöd dem pengar om han skulle säga att lärjungarna kom och stal Jesus, men han såg inga lärjungar och han visste inte att kroppen var borta förrän han fick höra det."

Herrens uppståndelse är ingen saga som lärjungarna eller de kristna hittade på. Det var en sann, historisk händelse. Efter att Jesus uppstod visade Han sig inte bara för Maria Magdalena, utan också för Petrus, och flera lärjungar, och senare för fler än fem hundra bröder på samma gång (1 Korintierbrevet 15:6). De lärjungar som såg Herrens uppståndelse blev ett i hjärtat och fruktade inte döden. Utan fruktan spred de evangeliet om Jesus Kristus och Hans uppståndelse överallt dit de gick. Det berodde på att Herrens uppståndelse är liv och styrka i sig själv.

De som fick möta den uppståndne Herren

Maria Magdalena följde efter Petrus och Johannes tillbaka till graven. Fastän de två männen hade återvänt hem, kunde hon inte förstå vad som hade hänt och kunde inte lämna graven. Det var svårt nog att acceptera Jesu död. Men nu när Hans kropp var borta, hur tror du hon kände det då? Hon hade kommit tidigt på morgonen för att balsamera Jesu kropp, och nu när Hans kropp var borta, fanns det ingen möjlighet för henne att trösta sitt tomma och övergivna hjärta. Så hon stod bara kvar utanför graven, och grät och grät.

"Men Maria stod utanför graven och grät. När hon gråtande lutade sig in i graven, fick hon se två änglar i vita kläder sitta där Jesu kropp hade legat, den ene vid huvudändan och den andre vid fotändan. De frågade henne: 'Kvinna, varför gråter du?' Hon svarade: 'De har tagit min Herre, och jag vet inte var de har lagt honom.'" (20:11-13)

Efter en stunds gråtande gick Maria in i graven en gång till. En sekund tvivlade hon på vad hon såg. Två änglar i vita kläder satt där Jesu kropp hade legat, den ene vid huvudändan och den andre vid fotändan. Änglarna frågade henne: "Kvinna, varför gråter du?" Sedan sade hon, "De har tagit min Herre, och jag vet inte var de har lagt Honom."

Här kan vi se hur Maria kände sig. Det enda hopp hon hade just nu var att hedra Jesus genom att balsamera Hans kropp. Förutom det fanns det inget annat hon kunde göra för att återbetala den nåd hon hade tagit emot från Honom. Men även det hoppet var borta nu. Maria var så upprivin att hon inte ens kunde känna igen att det var änglar, ännu mindre föreställa sig att Jesus hade uppstått.

Maria Magdalena möter den uppståndne Herren

"När hon hade sagt det, vände hon sig om och såg Jesus stå där, men hon förstod inte att det var han. Jesus frågade henne: 'Kvinna, varför gråter du? Vem söker du?' Hon trodde att det var trädgårdsmästaren och sade till honom: 'Herre, om det är du som har burit bort honom, så säg var du har lagt honom så att jag kan hämta honom.' Jesus sade till henne: 'Maria.' Då vände hon sig om och sade till honom på hebreiska:

'Rabbuni!' – det betyder lärare." (20:14-16)

Maria vände sig direkt om och såg den uppståndne Herren, men hon kunde inte känna igenom Honom. Då sade Herren till Maria, "Kvinna, varför gråter du? Vem söker du?" Överväldigad av sorg och bedrövelse tänkte hon att det kanske var trädgårdsmästaren och svarade: "Herre, om det är du som har burit bort Honom, så säg var du har lagt Honom så att jag kan hämta Honom." När Herren då sade, "Maria.", kände Maria igen Honom, inte förrän då. Hon fick äran att vara den första som fick möta den uppståndne Herren.

"Jesus sade till henne: 'Rör mig inte, för jag har inte stigit upp till Fadern än. Men gå till mina bröder och säg till dem att jag stiger upp till min Far och er Far, till min Gud och er Gud.' Maria Magdalena gick då och berättade för lärjungarna att hon hade sett Herren och att han hade sagt detta till henne." (20:17-18)

Maria Magdalena kunde fortfarande inte förstå att Herren hade uppstått. Hur kunde hon uttrycka glädjen över att möta den Herre som hon älskade mer än livet själv än en gång? Tårarna rann hejdlöst nerför hennes kinder. När Maria inte kunde kontrollera sin glädje och försökte närma sig Jesus, bad Han henne om en sak: "Rör mig inte, för jag har inte stigit upp till Fadern än. Men gå till mina bröder och säg till dem att jag stiger upp till min Far och er Far, till min Gud och er Gud."

Efter att Herren hade fullbordat sin kallelse som Frälsaren skulle Han återvända till Gud. Eftersom Han hade fullbordat allt var Han tvungen att gå till Fadern och sedan ta emot den härlighet som var förberedd för Honom, vilket var det rätta att göra nu. Men eftersom Han ännu inte hade uppstigit till Honom än, sade Han så till Maria och bad henne berätta nyheten för de andra lärjungarna om Hans uppståndelse.

Varför mötte ens den uppståndne Herren Maria innan Han gått till Fadern? Det var på grund av Marias kärlek till Herren, och hennes goda hjärta var större än alla de andras. Många människor mötte Herren, följde Honom, och älskade Honom, men allas inre hjärtan och handlingar var olika. Trots att det bara hade gått en kort tid, och jämfört med lärjungarna som gömde sig av fruktan, var Maria Magdalena inte ens rädd för att förlora sitt eget liv. Om hon kunde ha tagit på sig korset i Herrens ställe, skulle hon förmodligen ha gjort det. Att det var hon som fick ta emot äran att vara den första som fick möta den uppståndne Herren var inte en tillfällighet.

Aposteln Johannes skrev ner exakt var Maria Magdalena sade till honom om sitt möte med den uppståndne Herren. Men hon kunde inte berätta i detalj om den konversation som hon hade haft med Herren. Det som Herren bad henne om att berätta berättade hon för Johannes, sådant som var det allra viktigaste som lärjungarna behövde känna till.

Herren sade till Maria Magdalena att berätta för lärjungarna att Han hade uppstått, och Han uppmuntrade henne att leva som Hans vittne under hela hennes liv. Och Han lovade att en dag skulle de kunna mötas ännu en gång. Maria kunde inte dölja sin upprymdhet, och överallt dit hon gick ropade hon, "Jag såg Herren! Och det här är vad Han sade till mig!" Men inte ens då kunde lärjungarna tro helhjärtat.

Lärjungarna blir fyllda av glädje efter att ha mött den uppståndne Herren

"På kvällen samma dag, den första veckodagen, var lärjungarna samlade bakom låsta dörrar av rädsla för judarna. Då kom Jesus och stod mitt ibland dem och sade: 'Frid vare med er!' När han hade sagt detta visade han dem sina händer och sin sida. Och lärjungarna blev glada när de såg Herren" (20:19-20).

Eftersom Jesu kropp hade försvunnit var lärjungarna rädda för hur judarna skulle reagera. Översteprästen och hans skara av efterföljare hade bett Pilatus sätta ut vakter för att vakta Jesu grav eftersom de var oroliga över att lärjungarna skulle stjäla Jesu kropp. Och så försvann kroppen, så vad de hade fruktat hade nu hänt. Det var en situation där alla misstankarna riktades mot lärjungarna.

På kvällen var de lärjungar som var oroade över situationen samlade. Och utifall de var eftersökta av judarna stängde de alla fönster och låste dörrarna. Det var då det hände. Dörrarna var ordentligt låsta och ändå uppenbarade sig Herren mitt ibland dem. Lärjungarna trodde att de såg Herrens ande (Lukas 24:37). Då talade Jesus till lärjungarna som var fylld av fruktan och skakade: "Frid vare med er!" Och Han fortsatte: *"Se på mina händer och mina fötter att det verkligen är jag. Rör vid mig och se! En ande har inte kött och ben som ni ser att jag har"* (Lukas 24:39).

Lärjungarna hämtade sig och gick närmare Herren. När de såg ärren från spikhålen i Hans händer och fötter, och ärret i sidan från spjutet, förstod lärjungarna att det måste vara Herren. Bara då hade de bekräfta att det var Herren, och de gladde sig. Det finns en anledning till att Bibeln skriver att dörrarna var ordentligt låsta. Det var för att lära oss något om den uppståndne kroppen, eller kroppens förvandling efter uppståndelsen.

I 1 Korintierbrevet 15:51-53 står det, *"Se, jag säger er en hemlighet: Vi ska inte alla insomna, men vi ska alla förvandlas, i ett nu, på ett ögonblick, vid den sista basunens ljud. Basunen ska ljuda och de döda ska uppstå odödliga, och vi ska förvandlas. Detta förgängliga måste kläs i oförgänglighet och detta dödliga kläs i odödlighet."*

Under Herrens andra tillkomst på skyarna kommer alla som under sin tid på jorden trodde på Herren omedelbart att förvandlas och lyftas upp i skyn. Det är då våra kroppar kommer förändras till uppståndelsekroppar som inte förruttnar eller förgås. Och med denna kropp kommer vi fira den sjuåriga bröllopsbanketten i skyn, och efter de sju åren kommer vi återvända till jorden och tillbringa ett tusen år här.

Den uppståndne kroppen är ett tillstånd då anden och själen blir ett med en odödlig kropp, så att den är synlig för ögat, och kan röras vid med handen. Men den är helt annorlunda mot de kroppar vi har idag. Med uppståndelsekroppar kommer vi fortfarande kunna andas och äta, men eftersom kropparna är odödliga kroppar kommer vi inte vara begränsade av utrymmet eller något som finns i den här världen – vi kommer kunna röra oss fritt, var vi än vill gå, utan begränsning. Stängda dörrar och betongväggar kommer inte begränsa oss.

Oavsett vilken ålder eller vilket kön personen har kommer

hans eller hennes kropp vara i den underbara åldern 33 år, men vi kommer kunna känna igen alla. Efter att ha tillbringat de tusen åren på jorden och gått igenom domen vid den stora vita tronen, kommer vi gå till våra utsedda platser i himlen, och sedan förvandlas till fullkomliga himmelska kroppar.

Den största skillnaden mellan uppståndelsekroppen och den fullkomliga himmelska kroppen är att den himmelska kroppen visar exakt hur mycket ära och himmelska belöningar som personen fått ta emot från Gud, och den visar också hur mycket personen blev helgad under sin livstid på jorden. Det beror på att under domen vid den stora vita tronen, kommer varje person ta emot belöningar, ära och makt efter hur han har levt och handlar här på jorden. Så bara genom att se på en persons fullkomnade kropp, kan alla se hur mycket den personen älskade Gud och levde enligt Hans Ord, vilken himmelsk boplats personen hör till samt hur stor personens belöning och ära är.

Herren gav oss hopp om uppståndelsen

"Jesus sade än en gång till dem: 'Frid vare med er! Som Fadern har sänt mig sänder jag er.' Sedan han sagt detta, andades han på dem och sade: 'Ta emot den helige Ande!' Om ni förlåter någon hans synder så är de förlåtna, och om ni binder någon i hans synder så är han bunden." (20:21-23)

Genom att uppenbara sig för lärjungarna med sin

uppståndelsekropp, planterade Han hopp om uppståndelsen i dem. Han sade också "Ta emot den helige Ande!" till dem, och gav dem stor makt och kraft. Och makten var makten att förlåta synder: "Om ni förlåter någon hans synder så är de förlåtna, och om ni binder någon i hans synder så är han bunden."

För att kunna frälsa mänskligheten från synd hängde Jesus på korset, och Han utgöt sitt heliga blod där. Eftersom Han fick uppleva döden utan någon synd, förgjorde Han dödens makt, uppstod och blev Frälsaren. Därför förs de som blir ett med Herren genom tro över från död till liv. Herren öppnade fullkomligt vägen till frälsning för oss. Det är därför som Herren har makten och kraften att förlåta synder. Men Herrens lärjungar har också denna makt och kraft att förlåta synder i Jesu Kristi namn.

Det finns ett förbehåll här. 1 Johannes brev 1:7 säger, *"Men om vi vandrar i ljuset, liksom han är i ljuset, då har vi gemenskap med varandra och Jesu, hans Sons, blod renar oss från all synd."* För att Jesu blod ska kunna rena oss från all vår synd, behöver vi vandra i Ljuset – vilket betyder att vi behöver leva i enlighet med Guds Ord.

"Du tror därför att du har sett mig"

Efter att ha mött den uppståndne Herren började många av Jesu efterföljare leva nya liv. Den fruktan de en gång hade haft försvann, och de blev fyllda med hopp om uppståndelsen. Lärjungarna och kvinnorna som följde Jesus kunde inte dölja deras upprymdhet, och talade om Herren överallt där de gick. Tyvärr var det en person som ännu inte hade mött den uppståndne Herren än. Och den personen var Tomas, som kallades Tvillingen.

Tomas tvivlar på Herrens uppståndelse

"Tomas, en av de tolv, han som kallades Tvillingen, hade inte varit med de andra när Jesus kom. De andra lärjungarna sade nu till honom: 'Vi har sett Herren!' Men han svarade dem: 'Om jag inte får se spikhålen i hans händer och sticka mitt finger i spikhålen och min hand i hans sida, så kan jag inte tro.'" (20:24-25)

En dag träffade Tomas lärjungarna och hörde upprymdheten i orden, "Vi har sett Herren!"

Även fast de som hade mött den uppståndne Herren var ivriga om att berätta vad de hade sett, kunde Tomas helt enkelt inte tro. I stället utbrast han: "Om jag inte får se spikhålen i hans händer och sticka mitt finger i spikhålen och min hand i hans sida, så kan jag inte tro."

Trots att Tomas hade sett allt Jesus gjorde och han hade fått undervisning direkt från Honom, kunde han bara acceptera undervisningen med sin huvudkunskap. Han hade inte andlig tro. Annars skulle han inte visat sådan brist på tro på ett sådant frimodigt sätt. Även om han inte hade kunnat tro på andra människors ord, borde han åtminstone ha kunnat uttrycka några positiva ord med hopp om att det de sade var sant. Men när man försöker förstå den andliga världen med köttsliga tankar, är det bara naturligt att det finns en gräns för vad man kan ta in, och det blir missförstånd.

Tomas omvändelse och bekännelse

"Åtta dagar senare var hans lärjungar samlade igen där inne, och nu var Tomas med dem. Då kom Jesus, medan dörrarna var låsta, och stod mitt ibland dem och sade: 'Frid vare med er!' Sedan sade han till Tomas: 'Kom med ditt finger och se mina händer, kom med din hand och stick den i min sida. Och tvivla inte, utan tro!' Tomas svarade honom: 'Min Herre och min Gud!' Jesus sade till honom: 'Du tror därför att du har sett mig. Saliga är de som inte har sett men ändå tror.'" (20:26-29)

Åtta dagar gick. Lärjungarna var åter samlade tillsammans. Denna gång var Tomas med dem. Då hände något och Tomas kunde inte tro sina egna ögon. Trots att dörren var ordentligt låst stod Herren där. Det var precis som det som hade hänt några dagar tidigare och som de andra lärjungarna hade berättat om. "Frid vare med er!"

Herren gav Tomas, som hade haft så mycket tvivel, en möjlighet till att tro. "Kom med ditt finger och se mina händer, kom med din hand och stick den i min sida. Och tvivla inte, utan tro!"

Här kan vi känna Herrens kärlek än en gång. Det spelar ingen roll hur mycket någon tvivlar och inte vill tro på grund av hans köttsliga tankar, Han ger ändå inte upp om honom. Han gör allt Han kan för att hjälpa honom att få sann tro. Det är Herrens hjärta och det är Guds hjärta. Därför kunde Tomas göra sig av med sina köttsliga tankar från det förgångna helt och hållet och bekänna inför Herren: "Min Herre och min Gud!"

Herren uppmuntrade honom till att ha större tro. "Du tror därför att du har sett mig. Saliga är de som inte har sett men ändå tror."

Till slut blev Tomas en ny person, precis som de andra

lärjungarna, och levde ett förvandlat liv. Med sann tro tog han trofast på sig kallelsen som en apostel. Han fruktade inte döden och tog sig till Indien för att sprida evangeliet, där han senare led martyrdöden.

Vad kan Herren ha menat när Han sade, "Saliga är de som inte har sett men ändå tror." Det har gått omkring två tusen år sedan Herren uppstod och uppsteg till himlen. Jämfört med det antal personer som såg uppståndelsen, finns det nu oerhört många fler som inte har sett uppståndelsen. Trots att de inte har sett uppståndelsen personligen, finns det så många människor som ser upp till himlen med hopp om uppståndelsen!

Aposteln Paulus var en av dem som inte såg Herrens uppståndelse med egna ögon; och ändå levde han för evangeliet och tjänade med hela sitt liv efter att han fått möta Herren. Det är dessa människor som Herren talade om när Han sade att de var saliga för att de trodde utan att ha sett.

Syftet med att skriva ner Johannes evangelium

"Många andra tecken som inte är nerskrivna i denna bok gjorde Jesus inför sina lärjungar. Men dessa har blivit nerskrivna för att ni ska tro att Jesus är Messias, Guds Son, och för att ni genom tron ska ha liv i hans namn." (20:30-31)

Eftersom Gud känner människors hjärtan och tankar väl, såg Han till att Hans folk bara skrev ner sådana händelser i

Bibeln som kunde vara till hjälp för människors andliga liv, och de händelser som kunde bygga upp deras tro. Om Bibeln hade varje detalj av Jesu liv och gärning nedskriven, skulle människor, på grund av de begränsningar som finns i människans tankeliv, bygga mer hinder för sig själva, i stället för att få mer tro, och i stället distansera sig från Bibeln.

Även bland otroende i dag finns det de som tror att Bibeln är bara en myt bland andra myter, eller en bok med påhittade sagor. Men om det fanns ännu fler berättelser om mirakler nerskrivna i Bibeln, vad skulle ske då? Gud känner människans hjärta och såg till att Hans folk bara skrev ner de grundläggande händelserna som visar på Jesu gudomliga natur och mänskliga natur i Bibeln. Han såg till att människorna först skulle kunna tro på att Jesus är Guds Son, och att Han är Kristus.

Men när någon tar emot den Helige Ande blir det möjligt för honom att förstå mer än detta, och dyka djupare ner i den andliga världen. Han kan till och med börja förstå djupare ting om den andliga världen som inte finns nedskrivna i Bibeln. Genom att ha gemenskap med den Helige Ande, som förstår till och med djupen i Guds hjärta, kan man höra Hans röst och ta emot fantastisk undervisning från Honom. Det var därför Herren om och om igen upprepade att Hans lärjungar skulle ta emot den Helige Ande.

Kapitel 21

Herrens kärlek till sina lärjungar

1. Herren uppenbarar sig vid Galileiska sjön
(21:1-14)

2. "Älskar du mig?"
(21:15-25)

Herren uppenbarar sig vid Galileiska sjön

Lärjungarna som hade gömt sig i Jerusalem för att undvika judarna, fick ny styrka efter att ha mött den uppståndne Herren. Eftersom Herren sade till dem att Han skulle gå till Galileen (Markus 16:7), gick de snabbt iväg till Galileen, Tiberias region. Eftersom många av lärjungarna var fiskare från den regionen, var Galileen en välbekant plats som gav dem trygghet.

"Sedan visade sig Jesus en gång till för lärjungarna. Det var vid Tiberiassjön, och det gick till så här: Simon Petrus och Tomas som kallades Tvillingen, Natanael från Kana i Galileen, Sebedeus söner och två andra av hans lärjungar var tillsammans. Simon Petrus sade till dem: 'Jag går ut och fiskar.' De andra sade: 'Vi följer

med dig.' De gick ut och steg i båten, men den natten
fick de ingenting." (21:1-3)

Lärjungarna kom till Galileen och letade efter Herren, men kunde inte hitta Honom. Två gånger hade de mött den uppståndne Herren i Jerusalem, men de hade ännu inte tagit emot någon särskild kallelse. Eftersom lärjungarna inte exakt visste vad för slags arbete de skulle börja göra, sade Petrus att han tänkte gå och fiska. Tomas, Natanael, Jakob, Johannes och två andra lärjungar följde med honom.

Lärjungarna tillbringade hela natten i båten, och ändå fick de ingenting. Innan Petrus blivit kallad till lärjunge hade han arbetat som fiskare, och därför var han en duktig fiskare. Och Sebedeus söner, Jakob och Johannes, hade hela sina liv hjälp deras far med båtarbetet, så de var förstås också duktiga och visste exakt när och var fisken nappade. Men konstigt nog kunde de inte fånga någon fisk den natten. Deras kunskap och erfarenhet var värdelös.

"Kasta ut nätet på högra sidan"

"Tidigt på morgonen stod Jesus på stranden, men lärjungarna förstod inte att det var han. Jesus sade till dem: 'Mina barn, har ni inget att äta?' De svarade: 'Nej.' Han sade: 'Kasta ut nätet på höger sida om båten, så ska ni få.' De kastade ut nätet, och nu orkade de inte dra upp det för all fisken." (21:4-6)

Snart ljusnade det. Lärjungarna som hade tillbringat hela natten på sjön och kämpat mot vinden, var väldigt trötta. Just då uppenbarade sig Herren en tredje gång för dem. Även fast han stod på stranden, kände lärjungarna inte igen Honom. Så Han ropade ut till dem och frågade, "Mina barn, har ni inget att äta?" "Nej", svarade de. Eftersom att de inte kände igen Herrens röst, ropade lärjungarna bara ett enkelt svar.

"Kasta ut nätet på höger sida om båten, så ska ni få." Trots att lärjungarna inte kände igen Herrens röst, lydde de helt enkelt. Då hände något oväntat. Trots att de inte hade fått någon fisk på hela natten, kom det nu så mycket fisk att de inte orkade dra upp nätet i båten!

Så här är det med allt vi gör, vi ska inte förlita oss på vår egen styrka och visdom, utan få styrka och kraft genom att lyda Herrens ord. Och som Jesus hade kallat Petrus genom att säga "Jag ska göra dig till en människofiskare" är det särskilt sant när det gäller att arbeta för att frälsa själar. Det spelar ingen roll hur stor kunskap och visdom man har, kunskapen och visheten från köttet har sina begränsningar.

Och när det handlar om att fånga själar behöver vi göra oss av med känslan att vi ska göra allt med vår egen kunskap och kraft. Vi behöver ha en ödmjuk attityd och förlita oss enbart på Herren, och vi behöver be Gud Fadern om Hans nåd och kraft.

Petrus och lärjungarna möter Herren

"Lärjungen som Jesus älskade sade då till Petrus: 'Det är Herren.' När Simon Petrus hörde att det var Herren drog han ytterplagget om sig, för han var inte klädd, och kastade sig i sjön. De andra lärjungarna kom efter i båten med fisknätet på släp. De var inte långt från land, omkring hundra meter. När de kom i land fick de se en koleld och fisk som låg på den och bröd." (21:7-9)

När alla med all sin kraft drog in nätet fullt av fisk kände Johannes, som var "lärjungen som Jesus älskade" igen Herren, och han sade till Petrus, "Det är Herren!"

Så snart Petrus hörde vad Johannes sade drog han ytterplagget om sig och kastade sig i sjön. Det var delvis på grund av hans impulsivitet; men framför allt, för att det var Hans stora längtan att möta Herren. Han glömde till och med bort att de hade tagit ut båten långt från land ut på sjön för att fånga fisk. Båten var omkring hundra meter från land.

Det här är samme Petrus som hade förnekat Jesus tre gånger eftersom han varit genomsyrad av sina köttsliga tankar och han inte kunde vinna över sin fruktan. Men efter att helhjärtat ha omvänt sig förgjorde han fullständigt sin självrättfärdighet och köttsliga tankar. Så det faktum att Petrus inte ens tänkte två gånger innan han kastades sig i vattnet för att följa Herren, visar vilken förvandling som hade skett i honom. Han hade blivit en person som bara var fokuserad på Herren, och som inte skakades av omständigheter eller situationen.

De andra lärjungarna skyndade sig efter i båten med fisknätet på släp. När de kom i land fick de se en koleld som redan var tänd och det låg fisk på den. Det fanns till och med lite bröd för att mätta deras hunger efter hela nattens hårda arbete.

"Jesus sade till dem: 'Bär hit av fisken som ni fick nyss.' Simon Petrus steg i båten och drog upp nätet på land. Det var fullt av stora fiskar, 153 stycken, och fast de var så många gick nätet inte sönder." (21:10-11)

Herren sade till lärjungarna att bära dit en del av den färska fisken de just hade fångat. Utan fördröjning drog Petrus upp nätet på land, och de andra lärjungarna började hjälpa honom. Här kan vi se hur mycket lärjungarna förändrades efter att de mött den uppståndne Herren.

Förut när de hade varit med Jesus hade de förstås inte fruktat för någonting, eftersom Jesus hade en sådan makalös kraft, men det var inte på grund av deras egen tro. När Jesus till slut dog på korset, kunde de inte hantera det med deras egen begränsade kraft, och återvände till att bli vanliga, medelmåttliga människor igen.

Men efter att ha mött den uppståndne Herren blev de förvandlade. De gjorde sig av med sina tankars ramverk, och fick tro och lydnad som verkligen kom från deras hjärtan. Den här gången såg de också att det fanns tillräckligt med fisk och bröd för dem alla att äta, men när Herren sade till dem att komma med mer fisk, hade de tro att det fanns en bra orsak till att Herren sade så. När de räknade fisken som Petrus dragit upp, såg de att det var ett hundra femtio tre stora fiskar. Och att nätet inte gick sönder var speciellt i sig.

Det finns en andlig betydelse här i att nätet inte gick sönder, trots att de drog in all fisk de hade fångat med det. Det vi kan lära oss från det här är att den välsignelsen som kommer från Herren är större och mer än vi någonsin kan föreställa oss, och en sådan välsignelse läcker aldrig ut.

3 Johannes brev 1:2 säger, *"Älskade broder, jag hoppas att det går väl för dig på alla sätt och att du är frisk, liksom det är väl med din själ"* och på många ställen i Bibeln lovar Gud oss att när vi lever i enlighet med Guds Ord, kommer Han ge oss alla slags välsignelser. Kärlet som vi använder för att ta emot Hans välsignelser förbereds när vi lyder Guds Ord. Att förbereda kärlet innebär fullständig lydnad till Guds ord, i stället för att göra vad vi själva vill göra.

Herren undervisar om uppståndelsekroppen

"Jesus sade till dem: 'Kom och ät.' Ingen av lärjungarna vågade fråga honom vem han var. De förstod att det var Herren. Jesus gick fram och tog brödet och gav dem, och likaså fisken. Detta var den tredje gången som Jesus visade sig för lärjungarna efter att han hade uppstått från de döda." (21:12-14)

Innan de kom till Galileen hade lärjungarna redan mött Jesus två gånger. Det är svårt att förstå med det mänskliga sinnet, men efter att ha mött Herren, började de tro helt och hållet på uppståndelsen. Det var därför de inte frågade Honom vem Han var när Herren uppenbarade sig för dem igen.

Herren gav fisken och brödet till lärjungarna som hade lidit hela natten. Vi kan känna Herrens mjuka och kärleksfulla hjärta här. Anledningen till att Han gjorde så var för att visa lärjungarna vad uppståndelsekroppen kan göra. Med uppståndelsekroppen blir mat som man äter omedelbart bearbetad och lämnar kroppen genom andedräkten.

Det är detsamma också efter domen vid den stora vita tronen då våra uppståndelsekroppar förvandlas till fullkomliga himmelska kroppar och vi bor i himlen med fullkomliga himmelska kroppar. I himlen dricker människor från livets vatten, äter alla slags frukter, dricker dofter och är lyckliga. Att dricka dofter betyder att man luktar på någon underbar doft. Givetvis kan man leva utan att äta i himlen, men när man dricker dofterna, får man uppleva större glädje och lycka, och ens ande blir tillfredsställd och förnyad. Precis som människor känner sig tillfredsställda och glada när de äter god mat, känner människor i himlen också sig på detta sätt när de dricker dofterna från alla sorters blommor och frukter. Precis som när vi sprayar parfym, kommer doften in i kroppen och cirkulerar runt hela kroppen så att man bli uppfylld och glad.

Herren inte bara visade uppståndelsekroppen så att lärjungarna skulle få tro, Han gav dem också hopp om himlen så att de trofast skulle uppfylla den kallelse de var på väg att få. Och genom att visa dem både sin gudomliga natur och sin mänskliga natur, såg Han till att de kände Hans kärlek, Hans barmhärtighet och Hans värme, så att de kunde njuta över att vara i Hans närvaro.

"Älskar du mig?"

Det gav lärjungarna mer glädje än någonsin när de tillbringade den morgonen med Herren vid Tiberias sjö. Under de tre tillfällena de mötte Herren växte deras tro, och de fick alla sann tro. Och genom Petrus lät Herren lärjungarna få veta vad de skulle göra i framtiden. Och genom det samtal Han hade med Petrus kan vi känna Herrens hjärta.

"För mina lamm på bete"

"När de hade ätit sade Jesus till Simon Petrus: 'Simon, Johannes son. Älskar du mig mer än de andra?' Han svarade: 'Ja, Herre. Du vet att jag har dig kär.' Jesus sade till honom: 'För mina lamm på bete.'"

(21:15)

Efter frukosten frågade Herren Petrus: "Simon, Johannes son. Älskar du mig mer än de andra?" Även om det en gång hade funnits en skamfylld tid då han förnekat Herren, hade nu Petrus ett gyllene tillfälle att bekänna hur mycket han verkligen älskade Herren. Petrus sade, "Ja, Herre. Du vet att jag har dig kär." Efter att ha hört Petrus bekännelse, sade Herren till honom: "För mina lamm på bete."

I 2 Mosebok kapitel 12 finns det en scen där israeliterna åt lamm. Innan Gud sände sin sista förbannelse med död över de förstfödda hos egyptierna för att de hade gått emot Guds ord, berättade Han för israeliterna hur de skulle kunna undkomma plågan. På natten då plågan skulle komma, skulle de slakta ett lamm, äta köttet efter att ha stekt det över elden, och stryka dess blod på brädan ovanför dörren och på dörrposterna på sina hus. Det skulle vara ett tecken på att Gud inte skulle döda människorna i det huset.

Lammet här symboliserar Jesus Kristus (Johannes 1:29, Uppenbarelseboken 5:6-8). Och lammets blod var ett tecken som profeterade om att Jesu Kristi heliga blod skulle förlåta mänsklighetens synder så att människan skulle kunna undkomma döden. Vad detta betyder är att precis som på Gamla testamentets tid under uttåget, åt israeliterna lammets kött och strök dess blod på sitt hus dörrposter, i Nya testamentet behöver man äta Herrens kött och dricka Hans blod för att kunna få frälsning och ta emot evigt liv. Att äta Herrens kött och dricka Hans blod betyder att man tar Guds Ord som mat för hjärtat, och bevarar Hans Ord genom att leva efter det (Johannes 6:53).

Så när Herren sade till Petrus, "För mina lamm på bete" sade Han till honom, "undervisa och sprid Herrens ord om vem som är Guds Lamm, den som är vägen, sanningen och livet." Det betyder att Herren sade åt honom att undervisa och sprida Guds ord som leder oss till välsignelser. Anledningen till att Herren inte sade "Föd dem med Guds ord som jag har lärt dig" utan i stället "För mina lamm på bete" var för att lära dem att de behövde vara fokuserade när de spred evangeliet.

När vi sprider evangeliet är den allra viktigaste delen av evangeliet frälsningens kors genom Lammet, Jesus Kristus. Vi behöver tala om det faktum att Jesus, som var utan synd, utgöt sitt heliga blod för att frälsa mänskligheten och vi behöver också tala om det som är fördolt i korset, eller "budskapet om korset."

Troende som därför äter "Lammet" ordentligt, inser varför Jesus är Frälsaren och får tro, och sant liv kommer in i deras hjärtan. Även om de verkar möta svårigheter, glömmer de inte bort Herrens kärlek eller vandrar bort från sin tro. Det är därför det är så viktigt när vi evangeliserar och tar hand om många själar, att mata dem med "Lammet" framför allt annat man kan undervisa om i den här världen.

"Var en herde för mina får"

"För andra gången frågade han: 'Simon, Johannes son. Älskar du mig?' Han svarade: 'Ja, Herre. Du vet att jag har dig kär.' Jesus sade till honom: 'Var en herde

för mina får."' (21:16)

Den uppståndne Herren frågade samma fråga än en gång till Petrus.
"Simon, Johannes son. Älskar du mig?"
"Ja, Herre. Du vet att jag har dig kär."
"Var en herde för mina får"

Det händer ofta att Bibeln jämför "Guds barn" eller "troende" med "får." Jesaja 53:6 säger, *"Vi gick alla vilse som får, var och en gick sin egen väg, men all vår skuld lade HERREN på honom"* och Markus 6:34 fastställer, *"När Jesus steg ur båten såg han en stor skara människor. Han förbarmade sig över dem, för de var som får utan herde, och han undervisade dem grundligt."*

En herde tar hand om sina får genom att leda dem till stilla vatten och gröna ängar. Han skyddar dem från fara och leder dem på rätt väg och hjälper dem att växa och mogna på ett bra sätt. Herrens tjänare eller förvaltare som har tagit emot kallelsen från Herren, som är Överherden, är som små herdar. Dessa människor behöver noggrant ge mat till sina får med Guds Ord så att deras tro växer, och de behöver skydda sina får med bön så att fåren kan ha seger genom tro, även om frestelser kommer deras väg.

Så precis som Herrens först sade, "För mina lamm på bete" behöver vi vara tydliga i förkunnelsen om budskapet om korset, och när de tar emot frälsningsvisshet behöver vi sedan, precis som Herren sade, "Föd mina får" härnäst för att leda de troende till att växa i tro så att de blir utvalda vetekorn.

"För mina får på bete"

"För tredje gången frågade han: 'Simon, Johannes son. Har du mig kär?' Petrus blev bedrövad när Jesus för tredje gången frågade: 'Har du mig kär?', och han svarade: 'Herre, du vet allt. Du vet att jag har dig kär.' Jesus sade: 'För mina får på bete.'" (21:17)

Herren frågade Petrus samma fråga tre gånger. "Älskar du mig?" Petrus förstod inte Herrens avsikt och den andliga innebörden i Hans fråga och blev lite besvärad. Han var givetvis inte besvärad för att han hade något ont i hjärtat eller för att han blivit förödmjukad. Han var besvärad för att han, trots att han älskade Herren från sitt hjärtas centrum, var han tvungen att erkänna att han fortfarande hade många svagheter.

"Herre, du vet allt. Du vet att jag har dig kär."
"För mina får på bete."

Ibland händer det att en del säger att kanske Herren frågade Petrus samma fråga tre gånger eftersom Petrus en gång hade förnekat Honom tre gånger. Men kärlekens Herre använder inte det som tidigare gjorts fel för att sticka någon i hjärtat som har omvänt sig och vänt sig bort från det felaktiga. Som det står i Psaltaren 103:12, *"Så långt som öster är från väster, så långt avlägsnar han våra synder från oss"*, så länge vi omvänder oss från vår synd. Han kommer inte ens ihåg den. Varför bad då Herren Petrus om "för mina får på bete"?

Den som tar emot Jesus Kristus börjar inte bara leva ett förnyat liv, hans tro mognar och växer också. Men alla är inte likadana. Det finns en del själar som växer väldigt bra, medan andra själar är långsammare när det gäller förändring, faller i frestelser, bleknar bort eller blir förolämpade och sloknar. Det sista Herren sade var Hans sätt att uppmuntra Petrus om att inte förlora styrkan eller ge upp ens när han skulle möta sådana själar, och vara noggrann i att föda dem med sanningen.

Genom Herrens upprepade frågor och starka uppmuntran kan vi upptäcka Herrens instruktioner om hur Hans lärjungar skulle utföra deras kallelse. Först ska lärjungarna lära själarna om Gud och Jesus Kristus och leda dem till frälsning. Sedan behöver de hjälpa dem att mogna i deras tro så att de blir utvalda vetekorn. Och även om en del själar bleknar bort eller sloknar, ska de inte ge upp hoppet om dem utan leda dem med noggrannhet. Herren ville se till att många människor blir Guds barn; och det var därför Han bad Petrus "för mina får på bete" tre gånger – så att han skulle förstå och komma ihåg, hur viktig just denna kallelse är.

Denna stund var väldigt speciell för Petrus eftersom det blev en vändpunkt i hans liv. Det samtal han hade med Herren den dagen blev inristat i hans hjärta och han värdesatte minnet av det i åratal. Det ledde till att han kunde fullfölja sin kallelse på ett mäktigt sätt. Efter att han hade förstått Herrens hjärta överlät Petrus hela sitt liv för att frälsa själar och till slut dog han som en martyr.

Herren ställde inte samma fråga tre gånger till Petrus för att Han inte visste vad som fanns i Petrus hjärta. Han visste hur mycket Petrus älskade Honom, och Han visste hur mycket passion han hade för tjänsten. Men genom att få honom att bekänna med sin mun gjorde Han så att Petrus fick sin kallelse inristad i sitt hjärta helt och hållet. Trots att Jesus bara ställde denna fråga till Petrus kan den tillämpas på alla lärjungar. Inte bara det, den är också tillämpbar på alla Herrens tjänare tills Herren kommer tillbaka, och till alla Guds barn som först har tagit emot Hans välsignelse av frälsning först.

"Följ mig!"

"'Jag säger dig sanningen: När du var yngre, spände du själv bältet om dig och gick vart du ville. Men när du blir äldre ska du sträcka ut dina händer, och en annan ska spänna bältet om dig och leda dig dit du inte vill.' Detta sade han för att ange med vilken död Petrus skulle förhärliga Gud. Sedan sade han till honom: 'Följ mig!'" (21:18-19)

Herrens undervisning slutade inte här. Han berättade till och med vad som skulle hända med Petrus i framtiden. Han berättade att när han var ung, spände han själv bältet om sig och gick vart han ville, men när han blir äldre ska han ledas av andra dit han inte vill gå.

När Herren använde orden "ung" och "gammal" här, talar Han inte bara om någons ålder. Han illustrerar att medan dagarna när Petrus kraftfullt utför sin kallelse som Herrens vittne är den tid då han är "ung", är dagarna då Petrus kallelse tar slut den tid då han är "gammal".

Ett "bälte" är inte bara något man spänner om midjan utan är också en symbol för "auktoritet." När Herren talade om hur Petrus "spände bältet om sig när han var yngre och gick dit han själv ville" betyder det att Petrus kommer att ta "Guds auktoritet" och "Guds Ords auktoritet" och gå överallt för att vittna om Herren. Och när Herren sade att "en annan skulle spänna bältet om honom och leda honom dit han inte vill när han blir äldre" betyder att när Petrus kallelse är fullgjord, "kommer en annan spänna bältet om Petrus", eller "denna världens härskare" kommer leda Petrus till hans martyrskap.

Men Petrus martyrskap berodde inte bara på folket som hade makt i den här världen; det skedde mitt i Guds omsorgsfulla plan. Eftersom Petrus visste vad Guds vilja var kunde han lyda med glädje. "Du ska sträcka ut dina händer" betyder också att Petrus skulle ta emot sitt martyrskap utan motstånd.

Enligt den muntliga traditionen bestämde sig Petrus i senare år medan han spred evangeliet i Rom, att lämna Rom ett tag för att undvika kejsare Neros svåra förföljelser. Men när han var i utkanten av Roms gränser mötte han Herren. Petrus blev chockad och frågade: "Quo vadis, Domine (Herre, vart är du på väg)?"

Då såg Herren på honom och sade, "Jag är på väg till Rom för att än en gång korsfästas för mitt folk." Petrus tog snabbt sitt förnuft tillfånga och insåg att det var Herrens vilja för honom att dö martyrdöden i Rom, så han återvände. Till slut greps Petrus medan han spred evangeliet, och korsfästes som martyr. Innan Petrus mötte Herren förlitade han sig på sin egen vishet och styrka. Men efter att han blivit förvandlad, levde han ett liv som Herren ville se – ett liv som ärade Gud.

När Herren sade till Petrus, "Följ mig" uppmanade Han Petrus att ta efter det liv Han själv hade levt. För att kunna uppfylla Guds vilja lämnade Herren hela himlens härlighet för att komma till den här världen och Han ödmjukade sig själv och underordnade sig ända till döden. Och Herren bad Petrus och de andra lärjungarna om att följa Honom och också vandra på den väg Han vandrade.

Men Herren sade, *"Om någon vill följa mig, ska han förneka sig själv och varje dag ta sitt kors och följa mig"* (Lukas 9:23). Precis som Herren steg ner från sin härlighetsfulla position som Guds Son och tog på sig en fattig och oansenlig människas kropp, måste den som vill följa Herren förneka sig själv. Som hedningarnas apostel ledde apostlen Paulus många människor till frälsningens väg. Han förnekade också sig själv helt och hållet och bekände, *"Jag dör varje dag"* (1 Korintierbrevet 15:31).

En oföreställbar härlighet är utlovad för de som verkligen förnekar sig själva och följer Herren på detta sätt. Som det står skrivet i Johannes 12:26, *"Om någon vill tjäna mig ska han följa mig, och där jag är ska också min tjänare vara. Om någon tjänar mig ska Fadern ära honom"* är det vägen till att få den dyrbara plats där Herren är, trots att korsets väg är svår och jobbig. Gud Fadern ärar människor som går denna väg.

"Petrus vände sig om och såg att lärjungen som Jesus älskade följde efter, han som vid måltiden hade lutat

sig mot Jesu bröst och frågat: 'Herre, vem är det som ska förråda dig?' När Petrus såg honom frågade han Jesus: 'Herre, hur blir det med honom?'" (21:20-21)

Efter att ha lyssnat på sin kallelse märkte han att lärjungen som Jesus älskade följde efter dem. Att Johannes "följde efter" dem visar hur mycket han älskade och litade på Herren, och hur mycket han längtade efter att lyda Hans varje ord.

Vid den sista måltiden hade Johannes lutat sig mot Jesu bröst och när Jesus korsfästes hade han varit vid Hans fötter och tagit emot Jesu önskan om att han skulle ta hand om jungfru Maria. Genom allt detta kan vi se hur nära han stod Jesus. Plötsligt blev Petrus nyfiken på Johannes kallelse. "Herre, hur blir det med honom?" Eftersom Petrus tänkte att Herren vet allt, ville han veta detaljerna kring Johannes kallelse också.

"Jesus svarade: 'Om jag vill att han ska vara kvar tills jag kommer, vad rör det dig? Följ du mig!' Så spreds ryktet bland bröderna att den lärjungen inte skulle dö. Men Jesus hade inte sagt till honom att han inte skulle dö, utan: Om jag vill att han ska vara kvar tills jag kommer, vad rör det dig?" (21:22-23)

På samma sätt som att allas ansikten är olika, är också allas roller olika, så är också var och ens kallelse från Gud olika. En del människor blir martyrer som Petrus, och en del blir inte martyrer, som Johannes. Men det betyder inte att den ena är viktigare än den andra. Det var därför Jesus svarade, "Vad rör det dig?" på detta.

:: Johannes tar emot uppenbarelsen på ön Patmos

En kallelse från Gud kan varken klassificeras som stor eller liten. Varje kallelse är viktig. Det viktiga är att vi behöver ta till oss kallelsen med ett oföränderligt hjärta som Herrens, oavsett vilken kallelse det är. För att betona vikten av hjärtats attityd sade Herren återigen, "Följ du mig!"

Och anledningen till att Herren sade, "Om jag vill att han ska vara kvar tills jag kommer" om Johannes var för att visa att han hade en annan kallelse än Petrus. Men till skillnad från Herrens avsikt med dessa ord, blev de missförstådda av lärjungarna som att "den lärjungen inte skulle dö."

Ja, aposteln Johannes är den ende av lärjungarna som inte blev martyr. Men vid den här tiden talade Jesus inte bara om han skulle dö som martyr eller inte, utan att varje person har olika kallelser. Men eftersom åhöraren inte förstod Hans avsikt på ett korrekt sätt, spreds Hans ord med en annan innebörd.

När vi därför läser Bibeln behöver vi vara väldigt försiktiga om punkter som sådana. Om vi tolkar Bibeln efter våra egna tankar kommer vi bygga upp många missuppfattningar. Därför är det viktigt att inte tolka Bibeln baserat på den bokstavliga betydelsen i det som sägs, utan förstå Guds hjärta och avsikt som innesluts i Bibelns ord genom den Helige Andes ledning.

Johannes upptäckte vad Herren menade, så när han skrev den här delen skrev han, "Men Jesus hade inte sagt till honom att han inte skulle dö utan: 'Om jag vill att han ska vara kvar tills jag kommer, vad rör det dig?" Johannes förstod Jesu avsikt när Han sade till Petrus, "Följ du mig!" Det var att Han ville att Petrus inte skulle fundera på andra människors kallelse utan bara fokusera på att följa Honom.

"Jesus gjorde också mycket annat"

> "Det är den lärjungen som vittnar om detta och har skrivit detta, och vi vet att hans vittnesbörd är sant. Jesus gjorde också mycket annat. Men om varje händelse skulle skrivas ner, tror jag att inte ens hela världen skulle rymma de böcker som då måste skrivas." (21:24-25)

Guds ord som finns nedtecknade i Bibeln är inte historier uppdiktade av någon människas tankar. Bibeln innehåller skrivelser av människor som tog emot ord från Gud i det att de var ledda av den Helige Ande. Därför är varje ord i Bibeln sant. Johannes evangelium skrevs också av Johannes i den Helige Andes fullhet. Det står om sådant som hände på den tiden, exakt på det sätt det skedde. Men eftersom han inte kunde skriva ner varje enskild detalj kring det Jesus gjorde, tog han bara med den viktigaste informationen och skrev ner det.

Om Bibeln skulle ha med varje detalj av Guds vilja och försyn, och alla de andliga hemligheterna, skulle den inte gå – inte ens om himlen var en skriftrulle och haven var bläcket skulle det gå att skriva ner allt. Förutom det finns det många andra hemligheter som inte kan uttryckas eller förstås genom språket som finns i den här världen.

Det är därför Gud i varje tidsperiod utväljer människor som Han har behag till i sitt hjärta och ger dem uppenbarelser om den djupa, andliga världen. Efesierbrevet 1:17 säger, *"Jag ber att vår Herre Jesu Kristi Gud, härlighetens Far, ska ge er vishetens och uppenbarelsens Ande så att ni får en rätt kunskap om honom."* Och i Matteus 11:27 läser vi, *"Allt har min Far överlämnat till mig. Och ingen känner Sonen utom Fadern, inte heller känner någon Fadern utom Sonen och den som Sonen vill uppenbara honom för."*

Vi har studerat Herrens fotspår ända hit. Herren, som är ett med Gud, kom till denna värld för att öppna vägen till frälsning, och Han lydde Guds fulla vilja så att Hans försyn kunde uppfyllas. Filipperbrevet 2:6-8 fastställer, *"Han var till i Guds gestalt men räknade inte jämlikheten med Gud som segerbyte, utan utgav sig själv och tog en tjänares gestalt och blev människan lik. När han till det yttre hade blivit som en människa, ödmjukade han sig och blev lydig ända till döden – döden på korset."*

Herren har gett oss frälsning och evigt liv genom att övervinna döden och genom att uppstå. Mer än 2 000 år senare förvandlar Hans upphöjda liv fortfarande mängder av liv, och hjälper dem att få sant liv. Jag ber i Jesu Kristi namn att du, läsaren, kommer följa Herrens fotspår som Hans vittne i den sista tiden, och bli en värdefull tjänare för Hans rike!

Epilog

Uppstigningen och en annan Hjälpare

På Olivberget växer – som namnet antyder – stora olivträd över hela berget som ger skugga runt om. Det är som om tiden har stått stilla, eller dött. Och de gröna löven som stiger från toppen av träden skapar en förunderlig känsla av spänning i människor. Det är som om död och liv samexisterar – efter Hans uppståndelse tillbringade Herren 40 dagar då Han visade sig för lärjungarna och undervisade dem om Guds rikes gärningar. När det var tid för Hans uppstigning, gick Han upp på Olivberget för att ge sina älskade lärjungar den sista befallningen.

I Apostlagärningarna 1:4-5 befallde Han dem, *"Vid en måltid med apostlarna befallde han dem: 'Lämna inte Jerusalem utan vänta på vad Fadern har lovat, det ni har hört av mig. Johannes döpte med vatten, men ni ska om några dagar bli döpta i den helige Ande.'"* Mer än några andra hade lärjungarna personligen fått se Herrens liv. De såg inte bara tecknen och undren som bara Gud kunde göra, utan fick också uppleva Herrens lidande på korset, Hans död, och till slut Hans uppståndelse – de var alla ögonvittnen. Efter att Han fullbordade sitt uppdrag som Frälsaren, såg Herren med tro att ett oändligt antal själar skulle få frälsning genom Hans älskade lärjungar.

"Och han sade till dem: 'Gå ut i hela världen och förkunna evangeliet för hela skapelsen. Den som tror och blir döpt ska bli frälst, men den som inte tror ska bli fördömd. Dessa tecken ska följa dem som tror: I mitt namn ska de driva ut onda andar. De ska tala nya tungomål. De ska ta ormar med händerna, och dricker de något dödligt gift ska det inte skada dem. De ska lägga händerna på sjuka, och de ska bli friska'" (Markus 16:15-18).

"Och jag ska sända över er vad min Far har lovat. Men ni ska stanna här i staden tills ni har blivit rustade med kraft från höjden" (Lukas 24:49).

"Men när den helige Ande kommer över er, ska ni få kraft och bli mina vittnen i Jerusalem, i hela Judeen och Samarien och ända till jordens yttersta gräns" (Apostlagärningarna 1:8).

Efter att Han hade gett sin sista befallning tog Herren med sig lärjungarna ut till Betania, lyfte sina händer och välsignade dem; sedan lämnade Han dem och uppsteg till himlen (Lukas 24:50-51). Slagna av förundran inför den mäktiga scenen som utspelats framför dem blev lärjungarna mållösa. Molnen tog Herren ur deras åsyn. Medan lärjungarna såg upp mot himlen, kom två änglar i vita kläder fram till dem: *"Galileer, varför står ni och ser mot himlen? Denne Jesus som togs upp från er till himlen, han ska komma tillbaka på samma sätt som ni såg honom stiga upp till himlen"* (Apostlagärningarna 1:11).

Lärjungarna som hade bevittnat Herrens uppstigning återvände till Jerusalem med glädje och blev ett i hjärta och sinne, de bad tillsammans och väntade på den utlovade Helige Ande. På pingstdagen var de samlade tillsammans för att be, som förut, och en våldsamt stark vind kom från himlen och den Helige Ande kom som en eld över var och en av dem. Deras kroppar blev varma, och de fick uppleva en fullhet de aldrig tidigare hade upplevt. I den Helige Andes fullhet talade de olika språk som Anden ingav dem att tala, och lärjungarna som tog emot den Helige Andes kraft gick ut till jordens ändar som Herrens vittnen.

I en predikan förde aposteln Petrus tre tusen själar till omvändelse, och när han befallde i namnet Jesus Kristus, ställde sig en man som varit förlamad från födseln upp och gick och hoppade. Man tog till och med ut de sjuka på gatorna och lade dem på bäddar och bårar för att åtminstone Petrus skugga skulle falla på någon av dem när han gick förbi.

Trots att aposteln Paulus mötte Herren senare, tog han emot den Helige Andes kraft och skadades inte ens efter att ha blivit biten av en giftorm, och han uppväckte till och med en död person till livet. När människor tog hans näsdukar och kläder som varit i kontakt med honom och lade dem på de sjuka, blev de friska.

Dessa gärningar från den Helige Ande fortsätter än i dag genom Herrens vittnen som har tagit emot den Helige Andes kraft. Och i det att tidens slut närmar sig, kommer ännu fler mirakler att ske. Nu är det en sak vi måste känna till och det är att Herren som uppsteg till himlen kommer återvända igen på samma sätt. Vi behöver vara vakna och leva som Hans vittnen, och följa den Stora missionsbefallningen, och vi behöver förbereda oss för att ta emot Herren genom att vandra i Hans fotspår – och hålla oss själva rena och heliga.

> *"Herren dröjer inte med att uppfylla sitt löfte, så som en del menar. Nej, han har tålamod med er, eftersom han inte vill att någon ska gå förlorad utan att alla ska få tid att omvända sig"* (2 Petrus brev 3:9).

> *"Gå därför ut och gör alla folk till lärjungar! Döp dem i Faderns och Sonens och den helige Andes namn och lär dem att hålla allt som jag befallt er. Och se, jag är med er alla dagar till tidens slut"* (Matteus 28:19-20).

"Amen, kom Herre Jesus" (Uppenbarelseboken 22:20).

Författaren:
Dr. Jaerock Lee

Dr. Jaerock Lee föddes år 1943 i Muan, Jeonnamprovinsen, Republiken Korea. När Dr. Lee var i tjugoåren led han av flera obotliga sjukdomar under sju år och inväntade döden utan hopp om tillfrisknande. En dag, våren 1974, tog emellertid hans syster med honom till en kyrka och när han böjde knä för att be, botade den levande Guden honom omedelbart från alla sjukdomar.

Från den stund då Dr. Lee mötte den levande Guden genom denna underbara upplevelse, har han uppriktigt älskat Gud av hela sitt hjärta, och 1978 fick han kallelsen av Gud att bli Hans tjänare. Han bad och fastade uthålligt och ivrigt så att han skulle kunna förstå Guds vilja, att helt och hållet utföra den, och att lyda Guds Ord. År 1982 grundade han Manmin Central Church i Seoul, Korea, och mängder av verk från Gud som mirakulösa helanden, tecken och underverk har skett i hans församling sedan dess.

1986 blev Dr. Lee ordinerad som pastor i församlingen Annual Assembly of Jesus Sungkyul Church of Korea, och fyra år senare, 1990, började hans predikningar sändas i Australien, Ryssland och Filippinerna. På kort tid nåddes många länder genom tv- och radiostationerna Far East Broadcasting Company, Asia Broadcast Station och Washington Christian Radio System.

Tre år senare, 1993, valdes Manmin Central Church till en av de 50 främsta församlingarna i världen av den amerikanska tidskriften *Christian World Magazine* (USA) och han mottog ett hedersdoktorat i teologi från universitetet Christian Faith College, Florida, USA, och 1996 mottog han sin Fil. Dr. i Ministry från det teologiska seminariet Kingsway Theological Seminary, Iowa, USA.

Sedan 1993 har Dr. Lee varit en spjutspets inom världsmissionen genom många internationella kampanjer i Tanzania, Argentina, Los Angeles, Baltimore City, Hawaii och New York City i USA, Uganda, Japan, Pakistan, Kenya, Filippinerna, Honduras, Indien, Ryssland, Tyskland, Peru, DR. Kongo, Israel och Estland. På grund av sin kraftfulla tjänst med internationella kampanjer blev han 2002 kallad "global väckelsepredikant" av stora kristna tidningar i Korea. Det gäller särskilt hans kampanj "New York Crusade 2006" som hölls i Madison Square Garden, den mest berömda arenan i världen. Händelsen sändes till 220 nationer, och under hans kampanj "Israel United Crusade 2009" som hölls i kongresscentret International Convention Center (ICC) i Jerusalem proklamerade han frimodigt Jesus Kristus som Messias och Frälsare. Hans predikningar sänds ut till 176 nationer via satelliter som GCN TV och 2009 och 2010 utsågs han till en av de tio mest inflytelserika kristna ledarna av den populära kristna tidningen *In Victory* och i nyhetsbyrån *Christian Telegraph* på grund av sin kraftfulla tv-tjänst och församlingsbyggande tjänst utomlands.

Per oktober 2017 har Manmin Central Church en församling med fler än 120 000 medlemmar. Det finns 11 000 inrikes och utrikes församlingsgrenar över hela världen, inklusive 56 nationella församlingsgrenar och fler än 102 missionärer har sänts ut till 23 länder, länder som USA, Ryssland, Tyskland, Kanada, Japan, Kina, Frankrike, Indien, Kenya och många fler.

Till denna dag har Dr. Lee skrivit 108 böcker, inklusive bästsäljare som *En Smak av Evigt Liv Före Döden, Mitt Liv Min Tro I & II, Budskapet om Korset, Måttet av Tro, Himlen I & II, Helvetet,* och *Guds Kraft.* Hans verk har översatts till fler än 76 språk.

Hans kristna tidningsspalter finns i tidningarna *The Hankook Ilbo, The JoongAng Daily, The Chosun Ilbo, The Dong-A Ilbo, The Seoul Shinmun, The Kyunghyang Shinmun, The Hankyoreh Shinmun, The Korea Economic Daily, The Shisa News,* och *The Christian Press.*

Dr. Lee är för närvarande ledare för ett antal missionsorganisationer och sammanslutningar. Han är bland annat styrelseordförande i United Holiness Church of Jesus Christ; ordförande i World Christianity Revival Mission Association; grundare och styrelseordförande i Global Christian Network (GCN); grundare och styrelseordförande i World Christian Doctors Network (WCDN); samt grundare och styrelseordförande i Manmin International Seminary (MIS).

Andra kraftfulla böcker av samme författare

Himlen I & II

En detaljerad bild över den härliga boendemiljön som de himmelska medborgarna njuter av och underbar beskrivning av de olika nivåerna i de himmelska herradömen.

Budskapet om Korset

Ett kraftfullt budskap som ger ett uppvaknande till människor som är andligt sovande! I denna bok finner du orsaken till att Jesus är den ende Frälsaren och Guds sanna kärlek.

Helvetet

Ett allvarligt budskap till hela mänskligheten från Gud som inte vill att en enda själ ska hamna i helvetets djup! Du kommer upptäcka sådant som aldrig tidigare uppenbarats om den grymma verkligheten i Nedre Hades och helvetet.

Ande, Själ och Kropp I & II

En guidebok som ger oss andlig insikt om ande, själ och kropp och hjälper oss att ta reda på vilket slags "jag" vi har, så att vi kan få kraft att besegra mörkret och bli en andlig person.

Måttet av Tro

Vilka slags himmelska boplatser, kronor och belöningar är förberedda för dig i himlen? Denna bok ger visdom och vägledning och hjälper dig att mäta din tro och kultivera den till att bli den bästa och mognaste tron.

Vakna Israel

Varför har Gud vakat över Israel ända från denna världens begynnelse till denna dag? Vad har Han i sin omsorg förberett för Israel i de sista dagarna, för dem som väntar på Messias?

Mitt Liv, Min Tro I & II

En ytterst dyrbar andlig väldoft utvunnen från livet som blomstrar med en oförliknelig kärlek till Gud, mitt i de mörka vågorna, kalla ok och djupaste förtvivlan.

Guds Kraft

Denna måste-läsa-bok är en viktig guide genom vilken man kan erhålla sann tro och uppleva Guds underfulla kraft.

www.urimbooks.com

www.ingramcontent.com/pod-product-compliance
Lightning Source LLC
LaVergne TN
LVHW041743060526
838201LV00046B/901